Malte Leyhausen

Familie ist nichts für Feiglinge

Wie Familien sich
neu erfinden können

edigo

VERLAG

Impressum

Alle Rechte vorbehalten. Das Werk inklusive aller Inhalte wurde unter größter Sorgfalt erarbeitet. Der Verlag und die AutorInnen übernehmen jedoch keine Gewähr und Haftung für die Aktualität, Korrektheit und Vollständigkeit der bereitgestellten Informationen. Für die Inhalte von den in diesem Buch abgedruckten Internetseiten sind ausschließlich die Betreiber der jeweiligen Internetseiten verantwortlich. Diese geben den Stand der Veröffentlichung zum Zeitpunkt des Abrufes wieder. Auf spätere Veränderungen hat der Verlag keinen Einfluss. Eine Haftung des Verlages ist daher ausgeschlossen.
© 2022 edigo Verlag GmbH, Köln

1. Auflage 2022
Umschlaggestaltung: Irina Rasimus, Köln
Umschlagfoto: © Michal Sloviak/shutterstock.com
Satz: Silvia Kretschmer, Düsseldorf
Druck: oeding print GmbH, Braunschweig

ISBN 978-3-949104-10-7
www.edigo-verlag.de

Die Zertifizierung mit dem V-Label garantiert ein 100 % veganes Druckprodukt.
Alle Bestandteile wie Papiere, Farben, Lacke und Klebstoffe sind frei von tierischen Inhaltsstoffen.

Bibliografische Information der Deutschen Nationalbibliothek:
Die Deutsche Nationalbibliothek verzeichnet diese Publikation in der Deutschen Nationalbibliografie; detaillierte bibliografische Daten sind im Internet über http://dnb.d-nb.de abrufbar.

Für Kasimir

Inhalt

Gender-Hinweis

Aus Gründen der besseren Lesbarkeit wird auf die gleichzeitige Verwendung der Sprachformen männlich, weiblich und divers (m/w/d) verzichtet. Sämtliche Personenbezeichnungen gelten gleichermaßen für alle Geschlechter.

Einleitung

Das Thema Familie lässt keinen kalt. Jeder ist vor die Lebensaufgabe gestellt, sich von seinen Eltern abzulösen. Sobald Sie Ihren Stammbaum um einen eigenen Ast erweitern, dreht sich zwischen Ihren Kindern und Ihnen erneut der emotionale Kosmos um Nähe und Distanz, Bindung und Ablösung. So sehr Sie sich auch um das Wohl Ihrer Familie bemühen, Glücksgefühle und Momente der Wut, Ohnmacht und Verzweiflung bleiben zwei Seiten der gleichen Medaille. Unsere Vorstellungen, wie sich ein „vernünftiger" Partner und „normale" Kinder zu verhalten haben, wollen mit dem Alltag zwischen Baby, Büro und Bügelwäsche einfach nicht zusammenpassen. Würde Ihnen jemand das Rezept an die Hand geben, wie Sie es jedem recht machen können, ohne selbst auf der Strecke zu bleiben, Sie würden es bestimmt dankbar ausprobieren. Ich kann Ihnen nur eine Alternative zu unglückseligen Glücksformeln bieten: Sie erhalten in diesem Buch Hilfe zur Selbsthilfe, indem ich Sie zu einem Blick hinter den Spiegel Ihrer Erwartungen einlade. Wie entstehen Ihre Ansprüche an sich selbst und an Ihre Angehörigen? Mit welchen Stellschrauben können Sie Ihre Selbstwirksamkeit steigern?

Sie bringen Ihr Wunschbild von Familie aus Ihrer Kindheit und den kulturell überlieferten Klischees mit. Alles, was Sie über Ihre Herkunft wissen, wissen Sie aus Erzählungen, die Sie für Ihre Kinder weiterspinnen. Unter Ihren Vorfahren finden sich nach mündlicher Überlieferung Gute und Böse, Glückliche und Unglückliche, Kluge und weniger Kluge. Wir müssen abwägen, ob wir die vorgegebenen Mythen fortschreiben möchten oder ob wir unsere eigene Geschichte beginnen. Selbst, wenn Sie mit der Familientradition brechen und Ihr Ding machen, wimmelt es in Ihrer Umwelt von

Ideen, wie Ihre Familie am besten aussehen sollte. Besonders bedroht ist Ihre Lebensgemeinschaft mit Kind und Kegel vom Virus der Selbstoptimierung. So sehr Sie sich auch bemühen, Ehrgeiz, Erziehung und Einbauküche unter einen Hut zu bringen: Besser geht immer. Den Auftakt des Buches macht deshalb das Märchen von der Selbstoptimierung. Hier erfahren Sie, warum Familien in die Optimierungsfalle tappen und wie sie wieder herauskommen können.

In Kapitel 2 gehen wir den kulturell überlieferten Bildern auf den Grund, die unser Verständnis von der romantischen Liebe und von Lebensgemeinschaften bestimmen. Die Idee, sich zu verlieben und eine Familie zu gründen, wird uns nicht in die Wiege gelegt. Vielmehr werden wir in einen Kanon von historisch bedingten Vorstellungen über Partnerschaft und Familie hineingeboren, der uns in Form von Erzählungen vermittelt wird. Um den kulturellen Ursprung unserer Erwartungen an die Lebensform Familie besser verstehen zu können, lohnt sich ein kurzer Blick in den Rückspiegel auf die Geschichte der Familienmodelle von Christi Geburt bis zur Gegenwart (Kapitel 3).

Anschließend nehme ich Sie mit hinter die Kulissen unserer Herstellung von Wirklichkeit (Kapitel 4). Wie erhalten die von Ihnen beobachteten Phänomene in der Familie ihre Bedeutung? Können wir die Realität überhaupt erkennen oder entsteht sie nicht erst in den Köpfen der Familienmitglieder, die ihren Wahrnehmungen eine Bedeutung zuschreiben? Mit dem hier erlernten Handwerk können Sie beliebig viele Familien-Wirklichkeiten herstellen, auseinanderbauen und neu zusammensetzen.

Mit unserem Rucksack voller Sehnsucht und Wünschen für das persönliche Liebes- und Familienglück machen wir uns auf die Suche nach dem Traumpartner. Warum scheinen wir uns immer in den Falschen zu verlieben? Und warum wiederholen sich bestimmte Probleme in Beziehungen? Unterliegen wir einem unbewussten Bindungsmuster? Die Entwicklungspsychologie erklärt dies mit unserem Bindungsstil. Deshalb beschäftigt sich das 5. Kapitel mit den vier Bindungsstilen, die unsere Partnerwahl beeinflussen und die Gestaltung der Beziehung prägen.

Hat sich Ihr Herz nach den üblichen Irrungen und Wirrungen für den passenden Lebensmenschen entschieden, kann die Beziehungskiste zusammengezimmert werden. Die Aufbauanleitung finden Sie in Kapitel 6.

Kaum hat sich das wackelige Fundament der Partnerschaft stabilisiert, bringt das erste Kind die Konstruktion ins Wanken. Das 7. Kapitel spannt den Bogen von den Konflikten der frisch gebackenen Eltern über Lösungsansätze bis hin zu den Grundbedürfnissen des Kindes und den fünf möglichen Erziehungsstilen.

In Kapitel 8 wird die Komplexität um die Dimension von Geschwistern erweitert.

Am praktischen Beispiel der fantastischen Familie Berry lernen Sie im 9. Kapitel zentrale Aspekte des systemischen Denkens kennen wie die Bedeutung des Liebesmythos der Eltern, die Funktion von Innen- und Außengrenzen im Familiensystem und die Macht von verdeckten Aufträgen zwischen den Generationen. Im systemischen Weltbild, das bei Familientherapeuten besonders beliebt ist, überliefern Geschichten nicht nur die Vergangenheit Ihres Clans, sondern sie entwerfen auch die aktuelle Wirklichkeit in Ihrer Familie. Schließlich reden Eltern und Geschwister in Form von Erzählungen miteinander und übereinander. Erst die Kommunikation zwischen den Mitgliedern macht aus den einzelnen Menschen eine Familie.

Im 10. Kapitel mache ich Ihnen ein Angebot, das Sie hoffentlich nicht ablehnen können. Ich möchte Sie dazu verführen, über Ihre Familie als soziales System zu reflektieren. Der systemische Blick erlaubt Ihnen neue Perspektiven, die Ihnen bisher verschlossene

Spielräume öffnen. Durch die systemische Brille betrachtet stehen nicht mehr die einzelnen Akteure im Fokus. Vielmehr werden die wechselseitigen Beziehungen zwischen den Familienmitgliedern unter die Lupe genommen.

Wie müsste sich zum Beispiel der Rest der Familie verhalten, damit ein Kind die ersten sechs Lebensjahre kein Wort spricht? Wie wirkt es sich aus, wenn sich ein Elternteil mit dem Kind gegen den anderen Elternteil verbündet? Was passiert, wenn die Tochter oder der Sohn die Rolle des Partners einnimmt? Solche Fragen machen deutlich, wie filigran in der Familie alles mit allem zusammenhängt. Verändert sich ein Mitglied im System, verändert sich das ganze System. Umgekehrt wirkt es sich auf den Einzelnen aus, wenn sich in seiner Systemumgebung die Gewichte verschieben, weil sich zum Beispiel die Eltern trennen, ein Familienmitglied auszieht oder Ähnliches.

Mit diesem Grundkurs in Familiendynamik können Sie nachvollziehen, wie Familien sich mit der Magie der Sprache in drei Varianten erfunden haben beziehungsweise neu erfinden können: als belastete, als heldenhafte oder als selbstsichere Familie. Die Konstruktionsanleitung hierzu liefert Ihnen Kapitel 11.

Anschließend zeige ich Ihnen die „Seelische Hausapotheke für Familien" und erläutere die bewährten Hausmittel, die Sie auf die Schnelle selbst anwenden können (Kapitel 12).

Am Ende sind Sie am Zug! Bringen Sie mit neuen Geschichten und wertschätzenden Erzählweisen frischen Wind in Ihre Familie und spielen Sie das Würfelspiel „Du kannst mir viel erzählen!".

Malte Leyhausen
Seeheim-Jugenheim, im Sommer 2021

Kapitel 1

Geht nicht, gibt es!
Familien in der Optimierungsfalle

Das Märchen von der Selbstoptimierung

Familie ist nichts für Feiglinge. Wir geben alles für sie, all unsere Liebe, unsere Zeit und unser Geld. Und was bekommen wir dafür? Dicke Luft, lange Gesichter und nur kurze Momente des erhofften Glücks. Schätzungen zufolge investieren wir in ein Kind durchschnittlich 144.000 Euro (Wunschfee.com 2021): Von der ersten Windel bis zum Kleinwagen als Abi-Überraschung. Für die Summe kaufen sich andere ein Reihenhaus in der Provinz. Aber wir haben das Projekt Familie nicht gestartet, um Geld zu sparen, sondern um uns selbst zu verwirklichen.

93 Prozent der Deutschen geben an, dass für ihr seelisches Wohlbefinden die Familie sehr wichtig sei (CosmosDirekt 2019). Das Familienglück hängt für weit über die Hälfte der Befragten von diesen Faktoren ab: Gesundheit, Geborgenheit, Harmonie, gemeinsam verbrachte Zeit, Zufriedenheit und besondere Erlebnisse.

Im Umkehrschluss gelten also Krankheit, Abgrenzung, Unzufriedenheit, Konflikte und Langeweile als großes Unglück. Was für ein Erwartungscocktail! Es ist unmöglich, seine Familie restlos vor Krankheiten zu schützen, Abgrenzungen zu verhindern, jeden zufriedenzustellen, Konflikte unterm Teppich zu halten und jeden Tag als Event zu inszenieren. Die Frankfurter Allgemeine Zeitung blickt in diesen Abgrund zwischen Anspruch und Wirklichkeit:

„Nicht wenige sind unglücklich in ihren Familien. Und die, die glücklich sind, haben viel Arbeit damit (Haupt 2020)."

Noch mühsamer wird diese Arbeit, wenn Eltern mit aller Kraft das Unmögliche möglich machen wollen. Doch: Geht nicht, gibt es! Je mehr der gewünschte Idealzustand angestrebt wird, desto größer wird der Frust über das reale Familienleben. Schließlich möchte man das Beste für seine Kinder herausholen. Der Philosoph Friedrich Nietzsche (1999) gewinnt diesem Prinzip eine praktische Hoffnung ab: „Ziele nach dem Mond. Selbst wenn du ihn verfehlst, wirst du zwischen den Sternen landen."

Und die Sterne hängen manchmal verdammt hoch, wenn sie sich überhaupt blicken lassen. Bei aller Anstrengung können wir das Wohlergehen unserer Familie nur bedingt beeinflussen. Es bleibt ein unberechenbarer Prozess, wovon das körperliche und seelische Befinden der einzelnen Mitglieder wirklich abhängt. Dabei ist es nicht leicht, sich gegen die vom Zeitgeist propagierte Selbstoptimierung zu wehren.

In den Buchhandlungen verheißen uns Ratgeber „Jedes Kind kann schlafen lernen", „Jedes Kind kann Regeln lernen" und so geht „Erziehung ohne Schimpfen". Wenn die Gebrauchsanleitung für meine Kinder so einfach ist, kann es ja nur an mir liegen, wenn es nicht rund läuft. Hätte ich mal die richtigen Bücher gelesen. Und angewendet. Die Essenz des Machbarkeitswahns lautet: Wer will, der kann! Und wer nicht (mehr) kann, der wollte nicht richtig.

Zudem scheinen die gegenwärtigen Bedingungen für das Familienglück selten günstig. Die Säuglingssterblichkeit war noch nie so niedrig wie heute. 1870 überlebte rund ein Viertel aller Neugeborenen das erste Lebensjahr nicht. Heute sterben drei von 1.000 Lebendgeborenen (BIB 2021). Unser Gesundheitssystem bietet eine Krankenversicherung, um die uns viele Länder beneiden.

Der Staat ehrt die Familie seit 1953 mit einem eigenen Ministerium, bietet finanzielle Unterstützung (Kindergeld, Elterngeld, Steuerfreibetrag etc.) und garantiert einen Kindergartenplatz. Ab Herbst 2026 hat jeder Anspruch auf die Ganztagsbetreuung in der Grundschule. Die staatlichen Schulen und Unis sind weitgehend kostenlos. Die Kinder- und Jugendhilfe spannt mit ihren Hilfsangeboten ein soziales Netz für jede Lebenslage. In den „Sonntagsreden" haben die verantwortlichen Politiker anscheinend alle sozialen Probleme im Griff. Angesprochen auf die Defizite bei der Kinderbetreuung und die Unterfinanzierung der Frauenhäuser in Anbetracht der zunehmenden häuslichen Gewalt, blieb die damals amtierende Familienministerin Giffey gelassen. Sie verwies stolz auf das millionenschwere Investitionspaket des Bundes. Mit großer Zufriedenheit lobte sie ihre Arbeit der letzten drei Jahre mit den Schwerpunkten: „Jedes Kind soll es packen! Wir kümmern uns um die Kümmerer! Frauen können alles!" (Deutscher Bundestag 2021).

Da wäre ich doch dumm, wenn ich in diesen historisch „rosigen" Zeiten keine Kinder groß und stark machen könnte. Ich muss es nur wirklich wollen. Aber ist jeder tatsächlich seines Familienglückes Schmied? Oder hat Familie Schmied einfach mal Glück und mal nicht? Und woher kommt überhaupt das Märchen von der Selbstoptimierung?

Narrative sind sinnstiftende Erzählungen, nach denen soziale Gruppen ihr Verhalten ausrichten. Hoch im Kurs steht zurzeit das Narrativ der Selbstoptimierung. Klingt doch verlockend: Ich mache meine Familie „jeden Tag ein bisschen besser" (REWE). Irgendwann sind wir dann endlich perfekt. Der Optimierungswahn ist kontraproduktiv und menschenfeindlich, weil das Optimale stets unerreichbar bleibt. Ein perfektes Ziel ist nicht messbar und somit schwammig definiert. Es lässt sich nicht erkennen, wann und wie ich den 100 Prozent ein Stück nähergekommen bin. Meine Aufmerksamkeit ist stets nur auf das gerichtet, was nicht ideal ist. Immerhin ist es eine perfekte „Anleitung zum Unglücklichsein" (Watzlawick 2009). Der nächste Haken: Ich lege mir eine absolute Messlatte, bei der gnadenlos nur alles oder nichts erreicht werden kann (Diesbrock

2021). Es gibt auf der Bewertungsskala lediglich zwei Markierungen: richtig und falsch.

Von den Ködern in der Optimierungsfalle erzählt schon das Märchen „Vom Fischer und seiner Frau" (Runge 1984). Ein Fischer hat versehentlich einen verwunschenen Prinzen an der Angel, der als Butt nicht kaputt gehen möchte. Der Deal: Herr Fischer lässt ihn am Leben und der Fisch erfüllt der Familie jeden Wunsch. Frau Fischer wünscht sich erst ein mittelprächtiges Haus, um aus der ärmlichen Hütte rauszukommen. Der Wunsch wird sofort erfüllt. Nach zwei Wochen sieht sie auf Pinterest eine bessere Wohnidee und ordert beim Butt ein Schloss. Nachdem mit dem Schloss die materiellen Bedürfnisse befriedigt sind, muss der Zauberfisch den schnellen sozialen Aufstieg liefern. Frau Fischer fällt rasch die Karriereleiter rauf zur Königin, Kaiserin und Päpstin. Bleibt als Krönung nur noch der Posten von Gott, den sie ebenfalls beim Butt einfordert. Bei dieser „Anmaßung" schlägt die Moralkeule des deutschen Volksmärchens zu. Zur Strafe sitzen die Fischers sofort wieder in der ärmlichen Hütte vom Anfang.

Ähnlich erging es im echten Leben schon vielen Lottogewinnern, die von der Boulevard-Presse in diesem Stil verspottet werden: „Lotto-Lothar pleite! Nach 3 Millionen kommt jetzt Hartz 4!"

Was können wir aus dem Märchen lernen, um nicht dem Optimierungswahn zu verfallen und am Ende vor einem Scherbenhaufen zu stehen? Anstatt die unerreichbare Perfektion anzupeilen, verfolgen Sie besser kleine und realistische Ziele, wie zum Beispiel:

Ich möchte erreichen, dass jeder sein Geschirr in die Spülmaschine stellt. Ich möchte einen Abend in der Woche Zeit für mich, während mein Partner mir den Rücken freihält. Ab jetzt gebe ich nicht mehr als dreißig Euro für eine Kindergeburtstagsfeier aus. Inklusive Geschenk.

Im Folgenden möchte ich die beiden zentralen Kriterien, die in der oben genannten Umfrage mit einer „glücklichen" Familie in Verbindung gebracht werden, näher beleuchten: Gesundheit und Harmonie.

Optimierungsfalle Gesundheit

Gegen eine gesunde Familie ist nichts zu sagen. Keiner ist gerne krank und ein von Schmerzen geplagtes Kind zerreißt einem das Herz. Eltern stehen auch gesetzlich in der Pflicht, für das körperliche, geistige und seelische Kindeswohl zu sorgen (§§ 1626 ff. BGB).

Aber welchen Gewinn für die Gesundheit der Lieben bringt es, wenn die Furcht vor Erkrankungen überhandnimmt? Bedenklicher noch: Die unrealistische Hoffnung, die Familie zum Schutz in Drachenblut tauchen zu können, führt zu ständigen Selbstvorwürfen: Bin ich schuld am Schnupfen meines Sohnes? Koche ich falsch? Brauchen die Kids ab sofort den rettenden Vitamin-Booster aus der Werbung?

Die Tipps und Versprechen aus Werbespots, Social Media und Ratgebern suggerieren, dass es noch nie so leicht war wie heute, die Familie gesund zu erhalten. So erklärt eine Mutter stolz auf YouTube, dass sich ihre Kleinen auf Kindergeburtstagen vor Kuchen ekeln, weil sie von ihr ausschließlich Leckereien ohne Industriezucker bekommen würden. Eine Dattel ersetze jede Milchschnitte. In einem Ratgeber gießt Frau Dr. Rubin (2019) die Naturapotheke in den Suppenteller: „Heilen mit Lebensmitteln: Meine Top 10 gegen 100 Krankheiten: Hafer, Kartoffeln, Kohl & Co". Mit Jamie Oliver (2015) bleiben wir „genial gesund" durch „Superfood for Family & Friends".

Wer es sich leisten kann, gibt ein Vermögen für Bio-Nahrung für die Familie aus. Wer es sich nicht leisten kann, auch. Und was der Dinkelbratling an Aufbaustoffen nicht rausrücken will, erhalten die Kids in Tablettenform. Das Geschäft mit Nahrungsergänzungsmitteln boomt.

Allein in Apotheken wurden dafür im Jahr 2019 in Deutschland 2,2 Milliarden Euro ausgegeben. Die Nachfrage nach Kinderprodukten stieg rasant. Die Pillen sollen vor allem das Immunsystem, die Konzentration und das Wachstum stärken (Ernährungsumschau 2020). Sofern ein Arzt keinen Mangel an Vitaminen und Mineralien feststellt, sind die zugefütterten Präparate überflüssig bis riskant. Bereits eine ausgewogene Ernährung deckt die benötigte Tagesdosis aller benötigten Nährstoffe ab. Über die Hälfte der Nahrungsergänzungen überschreitet die vom Bundesinstitut für Risikobewertung empfohlenen Höchstwerte um bis zu 700 Prozent (Ärzteblatt 2020). Leider stößt der Körper die überschüssigen Mengen nicht einfach ab. Zum Beispiel konnte der Nutzen von Zink bei Erkältungen nicht wissenschaftlich nachgewiesen werden. Im Gegenteil: Der Schnupfen dauert mitunter zwei Tage länger und es treten zusätzliche Symptome auf (Meyer 2020).

Und wie sieht es bei den Vitaminen aus? Bei Öko-Test (2019) fielen alle Kombi-Präparate mit dem „Vitamin-Alphabet" ausnahmslos durch. Gerügt wurde unter anderem der zu hohe Anteil an Vitamin A. Nebenwirkungen: Juckreiz, Kopfschmerzen und Gefahren in der Schwangerschaft. Medizinische Fachverbände kommen zu dem Fazit: Es ist nicht möglich, mit Nahrungsergänzungsmitteln Krankheiten vorzubeugen (Ärzteblatt 2019).

Wir stehen zwischen den Werbeversprechen der Gesundheitsindustrie, die uns das Wohlergehen der Familie in den Einkaufskorb legen möchte, und dem unberechenbaren Restrisiko für unsere Lieben, krank zu werden. Der Anspruch, vor allem die Kinder vor Krankheiten zu schützen, nagt am Gewissen. Treten meine Kleinen in selbst atmenden Schuhen ins Leben? Schlummert mein Krümel auf einer Matratze, die mitschläft? Hat mein Kinderwagen die TÜV-geprüfte Wegfahrsperre vor Wasserfällen?

Der Optimierungsdruck kennt keine Grenzen. So locken Mitmach-Angebote überall. Auf die bilinguale Krabbelgruppe folgt das achtsame Babyschwimmen ohne Chlor. Wenn der Termin nicht mit der PEKiP-Gruppe[1] kollidiert: „Mit Spiel- und Bewegungsanregungen durch das erste Lebensjahr."

---

1 *PEKiP: Prager Eltern-Kind-Programm für Babys, die sich in einer Gruppe mit Gleichaltrigen treffen.*

Die sportlichen Aktivitäten der Kinder werden der Gesundheit zuliebe mit den Jahren immer kostspieliger. Erst bleiben die teuren Fußballschuhe bereits nach drei Wochen im Schrank. Der Judo-Anzug wird danach besser gebraucht gekauft, damit man sich für die Tochter die Reitstunden leisten kann. Aber was sind schon Reitstunden, wenn angeblich fast alle Freundinnen in der Klasse ein Pferd haben? Und Ronja hat sogar zwei!

Der Arzt und Familientherapeut Arnold Retzer (2012) entzaubert das Hoffen auf verlässliche Gesundheit als organisiertes Unglück:
„Eine geradezu epidemisch verbreitete Hoffnung, die letztlich zu schlechter Stimmung führt, ist die Hoffnung, gesund zu sein und zu bleiben. Diese Hoffnung zielt darauf ab, sich immer wieder Gewissheit verschaffen zu können, ob man noch gesund ist. Ein Ziel, das umfangreiche und komplizierte Prozeduren auslöst. Die Folge: Miese Stimmung!"

Schließlich hofft man auf etwas, das nur durch die Abwesenheit von Krankheit existiert: Gesundheit merkt man erst, wenn man nichts merkt (keine Schmerzen). Erst, wenn etwas fehlt (zum Beispiel Appetit) oder etwas hinzukommt (zum Beispiel Fieber), hat sich das unsichtbare Phantom „Gesundheit" aus dem Staub gemacht.
Und wie lautet nun das Rezept gegen die unheilbare Hoffnung auf eine stets gesunde Familie? Es bleibt Ihnen nur, sich mit den realistischen Vorsichtsmaßnahmen abzufinden. Nehmen Sie Abschied von der Illusion, jedes Krankheitsrisiko kontrollieren zu können. Für das naturgemäße Restrisiko ist Gelassenheit die beste Medizin.

Optimierungsfalle Harmonie

Konflikte sind anstrengend und passen nicht zu der idyllischen Vorstellung, dass die Familie stets vom Band der Liebe zusammengehalten wird. Reibungen sind unvermeidbar. Wenn der Haussegen schief hängt, ereilen uns typische Gedanken wie: Warum können sich nicht alle ein bisschen zusammenreißen? Schließlich schlucke ich auch alles herunter. Ist es zu viel verlangt, das Gleiche von den anderen zu erwarten? Ja, anscheinend ist es zu viel.

Unser Harmoniebedürfnis basiert auf den Erfahrungen mit Konflikten in unserer Herkunftsfamilie. Wer in seiner Kindheit oft Streit ertragen musste, verbindet damit Ängste wie: Ich werde an meinem wundesten Punkt verletzt. Ich werde mit Liebesentzug bestraft. Ich werde vielleicht für immer verlassen. Hoffentlich droht keine Gewalt.

Andere sind von Kindesbeinen an sturmerprobt und empfinden Auseinandersetzungen als weniger bedrohlich. Sei es, weil sie im Elternhaus einen lösungsorientierten Umgang mit Problemen kennengelernt haben, sei es, weil nach dem reinigenden Gewitter am nächsten Tag alles wieder gut war. So bringen Paare unterschiedlich geprägte Erwartungen an das Harmonie-Level in die neu gegründete Familie mit ein. Was für den einen als harmlose Meinungsverschiedenheit gilt, kann für den anderen schon einen erbitterten Streit darstellen.

Aus entwicklungspsychologischer Sicht sollte dem Wunsch nach nahtloser Harmonie ebenfalls nicht entsprochen werden. Der Weg zur Individualität der Kinder ist mit Reibungen gepflastert, sonst ist die Ablösung von Eltern und Geschwistern nicht möglich.

Ein weiterer Grund, aus dem die Optimierungsfalle hier zuschnappt: In der harmoniegesteuerten Familie darf es keine Unterschiede geben. Das führt unweigerlich zu Konflikten, weil die verschiedenen Bedürfnisse nicht gewürdigt werden. Wer das Aufblitzen von Unterschieden konsequent unter dem Deckel halten will, versucht,

Feuer mit Stroh zu löschen. Denn: Streit entsteht, wenn sich die unterschiedlichen Bedürfnisse, Werte und Ziele der Familienmitglieder überkreuzen. Dann rasseln völlig unterschiedliche Vorstellungen von Richtig und Falsch aneinander. Eltern berufen sich auf ihr Bestimmungsrecht. Kinder pochen auf ihr Selbstbestimmungsrecht. Und Geschwister fordern Gerechtigkeit.

Die Kunst ist es nun, eine Kommunikation zu entwickeln, welche die individuellen Unterschiede in der Familie wertschätzend zur Sprache bringt, ohne sie aus Sorge vor Disharmonie beseitigen zu wollen.

Aus Sicht der systemischen Familientherapie ist das Würdigen und Akzeptieren von Unterschieden ein zentraler Schlüssel zur Konfliktlösung (Bateson 1984). Dazu sollte man wertschätzend miteinander reden.

Ich werde in diesem Buch Möglichkeiten aufzeigen, wie in den verschiedenen Familienphasen die Kommunikation gestaltet werden kann, damit sich destruktive Muster nicht verfestigen.

Konflikte entzünden sich an Problemen. Ich weihe Sie in das Geheimnis ein, wie Sie in der Familie mit der Magie der Bewertung Probleme beliebig herstellen und wieder in Luft auflösen können. Ein Problem entsteht nämlich nur, wenn Sie den Unterschied zwischen einem IST-Zustand und einem SOLL-Zustand negativ bewerten. Zwei Beispiele: Sie betrachten einen IST-Zustand bei einem Familienmitglied (vollschlank) und vergleichen ihn mit dem von Ihnen willkürlich definierten SOLL-Zustand (schlank). Bisher gibt es kein Problem. Das stellen Sie erst wie folgt her: Sie bewerten den Unterschied zwischen IST und SOLL als schlecht. Simsalabim! Und schon erscheint aus dem Nichts ein echtes Problem: „Es ist problematisch, dass du vollschlank bist, weil du nach meiner Bewertung schlank sein solltest!"

Und wie lassen Sie das Problem wieder verschwinden? Sie verabschieden sich von der bisherigen Bewertung. Sobald Sie es nicht mehr negativ beurteilen, dass eine Tatsache (IST) nicht Ihren Wunschvorstellungen (SOLL) entspricht, gibt es auch kein Problem mehr.

Das zweite Beispiel: Eine alleinerziehende Mutter ist mit ihren Nerven am Ende, weil ihr der pubertierende Sohn alle Kraft raubt. Erst geißelt sie sich mit Selbstvorwürfen, weil sie in ihrem erschöpften Zustand die Erziehungsaufgaben nicht mehr nach ihren eigenen Ansprüchen erfüllen kann. Dann bewertet sie den Unterschied zwischen dem IST (Erschöpfung) und dem SOLL (anspruchsvoll erziehen) nicht mehr als negativ. Sie sagt sich, ich steige für eine Weile aus der Erziehung aus, weil ich einfach nicht mehr kann. Natürlich stellt sie weiter die Versorgung und den Schutz des Jugendlichen sicher. Aber durch die Entscheidung, dem „Terror des Solls" eine Absage zu erteilen, wird großer Druck von ihr genommen und eine spätere Lösung wahrscheinlicher.

Mutproben, um aus der Optimierungsfalle herauszukommen

- Ich verabschiede mich von der Hoffnung, in der Familie einen idealen Soll-Zustand erreichen zu können.

- Ich gönne mir öfter den Luxus, den Unterschied zwischen der Realität und meinem Wunsch-Zustand nicht negativ zu bewerten. So zaubere ich ein Problem weg und mache der Familie und mir das Leben leichter.

- Ich freunde mich mit der Tatsache an, dass ich es in der Familie nicht allen recht machen kann.

- Ich lenke meine Aufmerksamkeit auf das Erreichte, anstatt auf das noch nicht Erreichte.

- Ich bin gnädig mit mir selbst und verurteile mich nicht mehr, wenn ich meinen (unrealistischen) Ansprüchen nicht genügen kann.

Kapitel 2

Die Geschichte der romantischen Liebe als Folie der eigenen Liebesgeschichte

Wer hat die romantische Liebe erfunden?

„Die Liebe ist eine Erfindung der Schlagerindustrie." Diesen pointierten Spruch habe ich irgendwo gelesen. Aber wer hat die romantische Liebe wirklich erfunden? Sie ist kein Gegenstand, den man bei Ausgrabungen ausbuddeln und unters Mikroskop legen kann. Die romantische Liebe manifestiert sich nur in Erzählungen. Das Patent auf die Liebe teilen sich demnach die ersten Geschichtenerzähler, welche die Lawine der Lovestorys ins Rollen brachten. Seit der Antike sind uns Mythen überliefert, in denen Paare vom Zauber der Liebe zusammengeschweißt werden. Auch die Bibel beginnt mit der paradiesischen Zweisamkeit von Adam und Eva. Adam fragt Eva, „Liebst du mich?" und sie sagt, „Wen sonst?".

Bis dass der Tod uns scheidet

Der römische Dichter Ovid (2015) erzählt vor rund 2000 Jahren die anrührende Liebesgeschichte von Philemon und Baucis. Die beiden waren zusammen nicht nur sehr glücklich, sondern auch ohne Paartherapie sehr alt geworden. Sie hatten bei den Göttern noch was gut und wünschten sich von ihnen einen gemeinsamen Rentner-Job (Homeoffice im Tempel) und vor allem, gleichzeitig sterben zu dürfen. Keiner wollte in das Grab des anderen sehen müssen. Als ihre Zeit gekommen war, verwandelten sie sich mitten in einem Paargespräch in eine Linde und eine Eiche. Die Idee der lebenslangen Liebe wird mit dieser Erzählung in die Welt getragen.

Verbotene Liebe auf den ersten Blick

1597 betritt das wahrscheinlich berühmteste Liebespaar der Welt zum ersten Mal die Bühne. „Romeo und Julia" von Shakespeare liefert bis heute das Musterstück, wenn es in Literatur und Film um die Fallhöhe der verbotenen Liebe geht. Das Drama würde heute heißen „Hätte er die WhatsApp bekommen, würden wir heute noch leben" oder „In fünf Tagen vom Bachelor zum Doppelgrab". Romeo M. (19) aus V. glaubt, nie wieder lieben zu können, weil er bei Rosi abgeblitzt ist. Da sieht er auf einer Party mit Masken-Empfehlung Julia C. (13), die von ihrem Vater einem reichen Grafen versprochen wurde, von dem sie sich jedoch nichts verspricht. Romeo und Julia verlieben sich unsterblich auf den ersten Blick. Die Sache hat nur einen Haken: Romeos Familie ist mit Julias Clan zutiefst verfeindet. Selbst das Service-Personal prügelt sich regelmäßig mit den Angestellten der Gegenseite.

Was bleibt den beiden anderes übrig, als im Liebeswahn heimlich zu heiraten. Immerhin sind sie schon seit zwei Tagen zusammen. Bei der nächsten Schlägerei mit Julias Community wird Romeo in einen Mord an Julias Cousin verwickelt und muss die Stadt verlassen. Schon drei Tage später soll Julia den Grafen heiraten, den ihr Vater für sie gecastet hat. In ihrer Not schluckt sie ein Medikament, mit dem sie für 42 Stunden ihren Tod vortäuschen kann. Romeo soll mit einer Textnachricht über den Scheintod von Julia informiert werden. Die Botschaft kommt nie an, weil gerade eine Pandemie (Pest) das Zepter übernommen hat. Romeo erfährt lediglich von Julias vermeintlichem Tod. Aus Liebeskummer bringt er sich an der Seite seiner scheintoten Julia um. Just nach seinem Ableben wacht Julia wieder auf. Sie sieht den toten Romeo und tötet sich jetzt richtig.

Was lernen wir daraus? Die große Liebe trifft uns aus heiterem Himmel wie ein Komet. Sie ist stärker als alle Bedenken der buckligen Verwandtschaft. Sogar stärker als der Tod.

Seit dem 18. Jahrhundert wärmen Romane mit diesen Motiven die Herzen der breiten Masse. Heute transportieren vor allem Kinofilme, Serien auf Netflix & Co und Songtexte die Verheißungen des ewigen Liebesglücks.

Dich kennen heißt dich lieben

Die singende Trau-Meisterin Anja Hackl empfiehlt als Nummer 1 der „10 allerbesten und garantiert nicht abgegriffenen deutschen Liebeslieder für deine Traum-Trauung": „Dich kennen heißt dich lieben" aus dem Musical „Mozart" (Hackl 2021). Wolferl besingt mit seiner Conny die romantische Idee, dass man sich bedingungslos liebt, weil man den anderen auf Anhieb kennt – als wäre er aus Glas: „Dich kennen heißt dich lieben!" Weiter jubilieren sie sinngemäß: Wir sind eine unzertrennliche Einheit, keiner kennt mich wie du und unsere Liebe wird nie vergehen …

Ich habe nichts gegen „gesungene Schmalzbrote". Als Paartherapeut sage ich dazu, mitunter hält die Liebe nur, *bis* man sich kennt und nicht, *weil* man sich kennt.

Am Grundrezept unserer Vorstellung von der romantischen Liebe hat sich seit den alten Griechen nichts geändert: Man nehme zwei Menschen, die von der Liebesmacht wie vom Blitz getroffen werden. Dann würze man es mit heißer Begierde, damit die beiden sich vor Verlangen verzehren. Jede Minute der Trennung empfinden sie als unerträgliche Qual. Am liebsten würden sie wie zwei passgenaue Kugelhälften zu einer runden Sache verschmelzen

(Platon 2002). Nichts kann, soll und darf zwischen ihnen stehen. Das himmelhochjauchzende Gefühl: Wir sind füreinander geschaffen und ich verstehe dich in jedem Winkel deiner Seele. Warum haben wir uns nicht früher getroffen? Unsere Liebe wird ewig gehen. Und was nicht passt, wird passend gemacht. Bitte keine Unterschiede. Wir sind der Unterschied.

Mit diesem Briefing aus Film, Fake News und Fernsehen machen wir uns auf die Suche nach Mr. oder Ms. Right. Es ist verdächtig, dass Liebesfilme in dem Moment aufhören, wenn die beiden Turteltauben sich gekriegt haben. Der graue Alltag des Hollywood-Paars mit herumliegenden Socken und falsch eingeräumten Spülmaschinen passt nicht mehr ins Bild.

Auch hier rufen die Unken der Selbstoptimierung: Du musst das perfekte Gegenstück finden. Gutaussehend, reich, intelligent, erfolgreich, einfühlsam, treu, gut zu Tieren und Kindern – und sogar gut zu dir!

Wir wollen doch nur endlich die Nadel im Heuhaufen finden und nicht gleich heiraten. Obwohl ... Wenn's gut läuft, warum nicht? Es ist doch wohl erlaubt, seine große Liebe zu heiraten? In Deutschland scheint es üblich, sich die Gattin oder den Gatten nach Sympathiepunkten selbst auszusuchen. Das ist noch nicht lange so.

Geld oder Liebe? – Seit wann darf man aus Liebe heiraten?

Landwirt sucht Frau mit Mähdrescher ab 250 cm Schnittbreite, zwecks späterer Heirat. Bitte Bild von Mähdrescher beilegen.

Bayrische Kontaktanzeige aus den 1980er-Jahren
(Lohmann 2017)

Die Hochzeit aus Liebe etablierte sich erst vor rund 250 Jahren. Bis es dazu kam, musste die Idee von der Neigungsehe seit dem 18. Jahrhundert immer wieder neu erzählt werden. Jean-Jacques Rousseau (2003) forderte 1761 in seinem Roman „Julie oder die neue Heloise", dass endlich „Zuneigung" die Basis des Zusammenlebens bilden soll und nicht mehr die „Pflicht" zur standesgemäßen Zweckehe.

Der Appell wurde von weiteren Autoren aufgenommen und beflügelte im 19. Jahrhundert die Literatur der Romantik. Zu der Zeit entschieden noch die angeborene Herkunft und das Geld darüber, wer mit wem verheiratet wurde. Die Tochter eines reichen Bauern musste den begüterten Bauernsohn aus dem Nachbardorf ehelichen. In den Städten wurde die Braut aus gutem Hause dem Bräutigam aus einer gleichfalls betuchten Bürgerfamilie zugeführt. In den adeligen Kreisen musste der soziale Rang ohnehin gewahrt bleiben. Liebesromane, in denen zwei brennende Herzen über alle Standesgrenzen hinweg vor dem Traualtar landen, enthielt man vielen gutbürgerlichen Mädchen bis ins 20. Jahrhundert vor. Oft genug wurden sie jedoch als heimliche Lektüre unterm Kopfkissen versteckt.

Doch zurück zur Kontaktanzeige mit dem Mähdrescher und der Mindestschnittbreite. Die Auswertung von Heiratsannoncen ergab, dass in Bayern die Liebesheirat tatsächlich erst in der 1980er-Jahren in allen Schichten akzeptiert wurde (Braun 2017). Bis dahin folgten eher die ärmeren Frauen auf dem Land ihrem Herzen, statt eine reine Versorgerehe zu erdulden. Bundesweit trug vor allem die Studentenbewegung (1967 – 1969) dazu bei, die bürgerlichen Heiratsnormen aufzubrechen.

Der traditionelle Wunsch nach einer lebenslangen Bindung ist heute bei Jugendlichen ungebrochen. Bei der ersten Partnerschaft sind Frauen meist jünger als Männer. Auch die Entscheidung, erstmals zusammenzuziehen, fällt bei den Frauen früher. Im Durchschnitt heiraten sie früher und häufiger (Pairfam 2021). Tendenziell ist das Heiraten den jungen Pärchen nicht mehr so wichtig, die Quote sinkt. Von einem Auslaufmodell kann man bei der Ehe trotzdem nicht sprechen. Immerhin gaben sich 2019 noch 416.300 Paare das Ja-Wort.

Auch die Haltbarkeit der „ewigen Bindungen" ist beachtlich. Im Durchschnitt erfolgte die Scheidung erst nach 14,8 Jahren (Destatis 2021). Das passt nicht zum „gefühlt" schlechten Ruf der Ehe, die statistisch angeblich in jedem dritten Fall „scheitern" würde.

Eine weitere Ursache für die Scheidungsrate ist die gestiegene Lebenserwartung. Mein Großvater starb 1974 im Alter von 65 Jahren. Das war für Männer damals kein ungewöhnliches Sterbealter. Er war 43 Jahre mit meiner Großmutter verheiratet. Heute hätte er eine Lebenserwartung von 78 und das Ehemodell wäre für 56 Jahre ausgelegt. War das vom Erfinder der Lebensform so gedacht? Als die Kirche im zwölften Jahrhundert die Trauung einführte, erreichten die meisten Menschen das 40. Lebensjahr nicht. Bei einem Heiratsalter von 14 Jahren dauerte das Eheleben maximal 26 Jahre. Wer heute zwei Silberhochzeiten erlebt, nutzt seine Lebenszeit optimal für zwei reguläre Ehezyklen des Mittelalters …

Ähnlich wie mit den tradierten Vorstellungen von der romantischen Liebe und der Neigungsehe verhält es sich mit den überlieferten Formen von Familie. Die heute gängige Kleinfamilie mit zwei Kindern ist historisch gesehen eine recht junge Erscheinung. Über Jahrhunderte spielten die Privatsphäre der Eltern und die Bedürfnisse der Kinder kaum eine Rolle.

Der folgende Überblick beleuchtet den geschichtlichen Hintergrund unserer Wunschbilder von Familie und macht deutlich, welche sozialpolitischen Errungenschaften heute für selbstverständlich gehalten werden.

Kapitel 3

Der große Traum vom kleinen Familienglück

Bilder im Kopf überdauern – überlieferte Narrative von Familie

Wir kommen nicht mit einem bestimmten Begriff von Familie auf die Welt. Die spezifischen Bilder hierzu werden von der Kultur bereitgestellt und beeinflussen unsere Erwartungen und Pläne bei der Familiengründung. Je stärker meine Wunschvorstellung von der Wirklichkeit abweicht, desto größer ist die Enttäuschung. Die Lösung? Eintauchen in die Ideengeschichte und im Familienalltag die Landkarte im Kopf der realen „Familienlandschaft" anpassen. Nicht umgekehrt! Das wäre sonst so, als würden Sie unentwegt versuchen, einen Berg zu überreden, doch bitte schleunigst tausend Meter zu wachsen, damit er mit der falschen Angabe auf einer Wanderkarte übereinstimmt.

Was waren meine ersten Vorstellungen von Familie, bevor ich geheiratet habe? In meiner Kindheit gab es die „Rama-Familie". Das war die Familie, die bei der Margarine-Werbung glücklich an einem Frühstückstisch im Freien wartete, bis eine Frau im Dirndl mit einem Weidenkorb unterm Arm den ersehnten Brotaufstrich brachte. Die lichtdurchflutete Szene ertrank im Sonnenschein, nachdem sich Vater, Mutter und Kind die gemeinsame Mahlzeit mit einer großen Portion Rama krönten. Auch in heutigen Werbespots für Familien fliegen keine Tassen, niemand starrt aufs Handy oder verlässt schmollend den Tisch.

Der Traum vom harmonischen Familienleben wird von den Medien überliefert. Sie geben unserem Traum von Geborgenheit mit überhöhten Bildern Nahrung und spiegeln Familie als sicheren Hafen und Sehnsuchtsort. Wir wachsen mit diesen Klischees auf und projizieren familiäre Strukturen nicht nur in unsere Zukunft, sondern auch in die Vergangenheit – bis an den Anfang der Menschheit.

In der griechischen Mythologie entsteht die Welt bereits in Form einer Familiengründung. Zu Beginn der Zeit gab es weniger als nichts. Dieses Nichts nennt der Dichter Hesiod (ca. 700 v. Chr.) „Chaos". Aus dem Chaos entstanden die fünf Geschwister Gaia (Göttin der Erde), Nyx (Göttin der Nacht), Erebos (Gott der Unterwelt), Tartaros (Unterwelt als Ort und Person) und Eros, der Gott der Liebe (Chaos 2021).

Eros trank gern Ramazotti und sah verdammt gut aus. Sein Urgroßneffe Zeus heiratete die eigene Schwester Hera (Göttin der Ehe) und wurde aufgrund vieler Seitensprünge Patchworkvater von zwölf Kindern. Zehn von göttlichen und zwei von sterblichen Frauen. Eine Tochter hieß Hestia und war die Göttin der Familie beziehungsweise des Familienfriedens. Sie wünschte sich von Zeus die göttliche Immunität, sich niemals verlieben zu können, um ihrer verantwortungsvollen Aufgabe gerecht zu werden. Auch beruflich nahm sie um des lieben Friedens willen größte Opfer auf sich. Um einen Krieg zu verhindern, überließ sie Dionysos ihren begehrten „Vorstandsposten" im Olymp, wo die Plätze auf 12 begrenzt waren (Hestia 2021).

Die griechischen Götter sind mit menschlichen Schwächen und übermenschlichen Kräften ausgestattet. Die Konflikte in den Götterfamilien werden häufig mit äußerster Grausamkeit ausgetragen. Zum Beispiel musste Zeus seine Geschwister aus dem Bauch des Vaters retten, der sie aus Angst vor Konkurrenz in der Familie verspeist hatte. Es herrscht das Gesetz von Macht und Rache. Die

Idee der versöhnenden Nächstenliebe wird erst mit den Lehren des Christentums transportiert.

In der christlichen Kultur begegnet Kindern das Modell der idyllischen Kleinfamilie mit Haustieren bereits in der Weihnachtskrippe. Maria, Josef und Jesulein. Besuch mit Geschenken steht bereits vor der Tür. Das arme Flüchtlingskind hat auch noch an Weihnachten Geburtstag. Streng genommen ist Joseph nur der soziale Vater. Zum Glück gibt es schon einen Krippenplatz. Gäbe es ein Kind mehr, entspräche es dem deutschen Familienideal der 1950er/1960er-Jahre (Ochs u. a. 2017). Mit Ochs, Esel und Mett-Igel.

Doch zwischen Christi Geburt und der Flucht ins kleinbürgerliche Familienidyll nach dem Zweiten Weltkrieg erfüllte die familiale Lebensform vor allem wirtschaftliche Funktionen, wie die folgende geschichtliche Spurensuche zeigt. Sie soll deutlich machen, auf welche Wurzeln unser modernes Verständnis von Familie zurückgeht. Im historischen Kontext erscheint vieles, was wir heute für selbstverständlich halten, als unschätzbare Errungenschaft für den rechtlichen Schutz und Gestaltungsspielraum der Familie.

Vom Konkubinat zur bäuerlichen Großfamilie – Von Christi Geburt bis zur Gegenwart

Im ersten Jahrtausend war bei den Germanen das Konkubinat ohne Trauschein die Regel. Daneben gab es noch die Muntehe, eine Zwangshochzeit mit Vertrag, den die Sippe ohne das Paar aushandelte. Bis ins 13. Jahrhundert florierte ebenso die sexuell freizügige Kebsehe (Kebse = „Nebenfrau"). Diese Beziehungsform hatte ein flexibles Ablaufdatum und wurde von „freien Grundherren" mit den sogenannten „unfreien Frauen" genutzt, die von ihren „Leibherren" als „Leibeigene" behandelt wurden. Auch Priester waren beteiligt. Die Kirche wollte schon bald nicht mehr für die sogenannten „Pfaffenkinder" aufkommen. Deshalb beanspruchte der Klerus einfach das

Monopol auf Eheschließungen und verbot das „Kebseln". Die Mono-
gamie galt plötzlich als von Gott gewollt. Bisher hatte es jeder mit
der Polygamie gehalten, wie er wollte, und sich seine Hochzeit nach
Geschmack selbst organisiert (Ochs u. a. 2017).

Im Mittelalter kam der Begriff „Familie" in der Alltagssprache
nicht vor. Die Bezeichnung wurde in der Neuzeit aus dem
Lateinischen entlehnt (*familia* = Hausgemeinschaft) und setzte sich
erst im 17. Jahrhundert durch. Zu gewöhnlich erschien vorher die
Gemeinschaft von Verwandten, die zusammenwohnten, um ihr
mit einem eigenen *Label* höhere Bedeutung zu verleihen. „Ich habe
Weib und Kind", musste als Umschreibung für den Anhang reichen.

Am häufigsten gab es im Mittelalter die bäuerliche Familie. Ein
Vertrag legte die Mitgift fest. Großeltern, Eltern, Kinder, unverhei-
ratete Verwandte, Gesinde und Vieh lebten zweckmäßig unter einem
Dach. Die Fluktuation war groß. Der Tod holte mit flinker Hand die
kleinen und großen Bewohner, die genauso rasch durch neue ersetzt
wurden. Die Großeltern erreichten kaum das Alter, um ihren Enkeln
eine Stütze zu sein. Leben und Arbeiten waren fast eins. Die Kinder
standen ab dem vierten Lebensjahr mit auf dem Feld und hatten für
die Gemeinschaft zu funktionieren. Diese Art der Zuwendung verdient den Namen Erziehung nicht. Alle Familienmitglieder warfen
ein Auge darauf, dass der Nachwuchs in der Spur lief. Lernen erfolgte
durch Nachahmung. Mehr Aufmerksamkeit erlangten Kinder nicht.

Das pädagogische 18. Jahrhundert

Im 18. Jahrhundert etablierte sich das Verständnis von der wohlha-
benden, bürgerlichen Kernfamilie, die sich vom Adel und den bäu-
erlichen beziehungsweise besitzlosen Schichten abgrenzte. Die Ehe-
leute bauten sich für ihre Kinder zum ersten Mal ein eigenes Nest.
Die Frau wurde in die Rolle der Hausfrau und Mutter gedrängt, die
dem Mann nach seinem Arbeitstag – und ihrer mindestens genauso

harten Hausarbeit – den seelischen Rückhalt zu geben hatte. So wurde das Familienmodell von Männern an ihre veränderte Arbeitswelt angepasst: Auf der einen Seite die Sphäre der leistungsorientierten, kalten Öffentlichkeit, in der die Gatten sich behaupten müssen. Auf der anderen Seite die gefühlsorientierte, wärmende Sphäre des Privaten, in der die Gattin alles allein stemmen muss.

Der Mann übernahm die Rolle des Ernährers und Familienoberhaupts.

Geistesgeschichtlich brannte die erhellende Fackel der Aufklärung. Die Erleuchtung kam nicht mehr von Gott, sondern vom Lauffeuer der Vernunft. Dank der Philosophen Kant, Rousseau & Co entstanden die ersten Erziehungskonzepte, welche die Bedürfnisse der Zöglinge ernst nahmen. Brandneu war Rousseaus Gedanke, dass Kinder überhaupt eigene Rechte haben. Erstmals wurde laut darüber nachgedacht, junge Menschen an der Richtschnur von pädagogischen Werten auf das „wirkliche Leben" vorzubereiten. Die Forderung nach der allgemeinen Schulpflicht für alle Schichten ohne den Einfluss der Kirche und die Annahme, es gäbe eine „richtige" Erziehung, die den Menschen wie gewünscht formen könne, entspringen dem „Pädagogischen 18. Jahrhundert".

Arbeiterfamilien im 19. Jahrhundert

Im 19. Jahrhundert strebten die Arbeiterfamilien das Ideal der bürgerlichen Kernfamilie an. Die sozialen Lebensbedingungen der Arbeiterschicht im Zeitalter der Industrialisierung zwangen sie aber zu einer äußerst notdürftigen Existenz. Ab acht Jahren zählte jeder als volle Arbeitskraft.

Die Familienforscherin Weber-Kellermann (1974) bringt die historische Situation des Proletariats auf den Punkt: „Keine andere Gruppe musste so unmittelbar die Anpassung an die industriellen Arbeitsverhältnisse im Bereich von Haushaltsführung, Kindererziehung, Freizeitgestaltung, Wohnung usw. vollziehen wie die Fabrikarbeiterfamilie. Bei 6 Arbeitstagen pro Woche und einer 12 – 14-stündigen täglichen Arbeitszeit, bei voller Mitarbeit der Frau und der größeren Kinder waren die Umstellungsaufgaben für diese Menschen kaum zu bewältigen, zumal es an sozialen Schutzmaßnahmen zunächst gänzlich mangelte und auch die Umwelt von der Kinderkrippe bis zu den öffentlichen Verkehrsmitteln in keiner Weise den Lebenserfordernissen der Arbeiterfamilie angepasst war."

Die Bemühungen der Sozialdemokratie, die Rechte des Proletariats zu verbessern, stießen bei Kaiser Wilhelm II. auf wenig Gegenliebe. 1890 schmetterte er die „Vorschläge zur Verbesserung der Arbeiter" ab. Den geforderten Achtstundentag und die Abschaffung der Arbeitspflicht für Frauen und Kinder unter 14 Jahren dämonisierte der Monarch als „wirtschaftliche und sittliche Bedrohung" (Weber-Kellermann 1974).

Seine Argumente lauteten: Wer weniger arbeiten müsse, hätte mehr Zeit, um in die Kneipe und auf Arbeiter-Demos zu gehen, obwohl der Lohn der gleiche bliebe. Wenn Frauen nicht mehr mitverdienen würden, ginge es den Familien materiell noch schlechter. Kinder, die nicht ab dem achten Lebensjahr arbeiten müssten, würden stattdessen auf der Straße rumlungern und verwahrlosen.

Bis zur Verbesserung der Lebensbedingungen und -chancen für die Arbeiterschicht war es sozialpolitisch noch ein langer Weg. Auch heute kann noch nicht von Chancengleichheit gesprochen werden. Obwohl sich die Aufstiegsmöglichkeiten von Arbeiterkindern wesentlich verbessert haben, spielt die Bildung der Eltern immer noch eine erhebliche Rolle für die Karrierechancen der nächsten Generation.

Von denjenigen, bei denen weder die Mutter noch der Vater eine Ausbildung absolvierten, beginnen nur 12 Prozent ein Studium. Verfügt mindestens ein Elternteil über einen Berufsabschluss, verdoppelt sich die Zahl auf 24 Prozent. Erlangten Mama oder Papa das Abitur, schreiben sich beachtliche 48 Prozent der Schulabgänger an der Uni ein (Kracke u. a. 2018).

Die Familie der 1950er/1960er Jahre und ihr langer Schatten

Nach dem Zweiten Weltkrieg teilten die Siegermächte Deutschland 1945 in einen Ost- und einen Westsektor auf. Im Osten wurde unter dem wachsamen Auge der Sowjetunion 1949 die DDR gegründet. Den Frauen kam im sogenannten „real existierenden Sozialismus" die Rolle zu, das politische Ziel zu erfüllen, Familie und Beruf zu vereinen. Rund 90 Prozent waren berufstätig und kümmerten sich meist allein um Familie und Haushalt. Nicht nur die Idee der Gleichberechtigung, die in der DDR-Verfassung verankert wurde, war der Grund für die hohe Anzahl berufstätiger Frauen, sondern auch der große Mangel an Arbeitskräften. Um die Kinderbetreuung von Geburt an abzudecken, sorgte der „Arbeiter- und Bauernstaat" für ein engmaschiges Netz an Kinderkrippen. Im ostdeutschen Teil meiner Familie kam es nicht selten vor, dass Mütter ihr krankes Kind morgens erst in die Krippe bringen mussten, um dann am Arbeitsplatz auf den Anruf zu warten, dass sie es abholen sollen, um es zuhause gesund pflegen zu dürfen.

Bei einer Scheidung waren die Frauen in der DDR verhältnismäßig gut abgesichert, weil nicht – wie im „Westen" – der Mann der einzige Ernährer der Familie war, sondern beide zu ungefähr gleichen Teilen im Berufsleben standen.

In Westdeutschland wurde 1949 unter Federführung der USA die Bundesrepublik gegründet. In den 1950ern geschah mit der wirtschaftlichen Hilfe Amerikas das Wirtschaftswunder. Es gab genügend Arbeitsstellen und Wohnraum, so dass schon junge Leute eine Familie gründen konnten. Natürlich nur mit Trauschein. Auf die gesellschaftliche Verstrickung in die Verbrechen der Nazizeit folgte der Rückzug ins Private. Wie im 19. Jahrhundert wurde die bürgerliche Kleinfamilie zum „Hort der Ruhe und Sicherheit" (Ochs u. a. 2017).

Mit klarer Rollenverteilung und zwei Kindern war hier die Welt wieder in Ordnung. „Vati" ging mit Aktentasche, Butterstulle und

Thermoskanne ins Büro und thronte als Versorger über der Familie. „Mutti" musste sich allein um die Hausarbeit kümmern. Ohne die technischen Hilfsmittel von heute, wie Wasch- und Spülmaschine, versteht sich. Noch bis 1977 durfte die Ehefrau nur mit der schriftlichen Erlaubnis des Mannes eine Arbeitsstelle annehmen.

Erstaunlicherweise prägt das Kleinformat der Aufbaujahre bis heute das Familienideal. Die meisten Paare wünschen sich zwei Kinder als perfekte Größe (Pairfam 2021). Die Gleichberechtigung von Frau und Mann macht seit dieser Zeit zwar Fortschritte, ist aber längst noch nicht erreicht.

Männer erhalten nach wie vor in vielen Branchen höhere Löhne als ihre Kolleginnen für die gleiche Arbeit. Das durchschnittliche Einkommen von Frauen fällt in Deutschland 30,2 Prozent niedriger aus als das von Männern (Global Gender Gap Report 2020).

Der Löwenanteil im Haushalt wird wie in den 1950ern weiterhin von den Frauen übernommen, entgegen der Lippenbekenntnisse der „Herren der ErSchöpfung", wie eine Studie im Auftrag von BRIGITTE (2021) belegt. Mehr als jeder dritte Mann sagt über die Hausarbeit und Kinderbetreuung: „Machen wir beide gleichermaßen." Von den Frauen bestätigt das nur jede Fünfte, rund drei Viertel entlarven: „Das mache hauptsächlich ich." Sie sind im Schnitt rund 5,5 Stunden pro Tag mit Sorgearbeit beschäftigt (Männer nur knapp drei). Jede vierte Partnerin fordert: „Mein Partner soll mehr machen."

Und wie sieht es mit der wirtschaftlichen Abhängigkeit der Frauen seit den 1950ern aus? Nur 50 Prozent können ihren Lebensunterhalt mit ihrem eigenen Einkommen bestreiten. 40 Prozent reduzieren ihren Job auf Teilzeit, was sich nachteilig auf ihre Rente auswirkt. Wer wenig verdient, kann kaum Rücklagen bilden. 60 Prozent der Befragten blicken mit Sorge auf ihre Altersversorgung. Bei den Alleinerziehenden fürchten sogar 64 Prozent die Altersarmut. 37 Prozent rechnen mit einer Rente von nur bis zu 1.000 Euro. Dieser Wert liegt oft unter dem Existenzminimum.

In vielen anderen Ländern ist die Ungleichheit zwischen den Geschlechtern noch größer. Der Global Gender Gap Report des Weltwirtschaftsforums (2020) weist Deutschland Rang 10 von 154 zu. Legt man das bisherige Schneckentempo der Gleichstellung zugrunde, würde nach dieser Studie die Gleichberechtigung zwischen den Geschlechtern weltweit erst in 99,5 Jahren erreicht.

Da stehen wir nun. Wir wissen, dass Männer wenig im Haushalt helfen. Wir erfuhren, dass unsere Vorstellungen vom Liebesglück und von der eigenen Kleinfamilie nur moderne Märchen sind, die uns kulturell eingeflüstert wurden. Wir sollen aufpassen, nicht in die Optimierungsfalle zu tappen, wenn es mit der Familiengründung doch klappt.

Sollten wir in diesem Spiegelkabinett der Illusionen besser auf eine Partnerschaft und die Familienplanung verzichten? Nein. Das wäre schade. Der Mensch ist ein soziales Wesen und Single sein macht viele auch nicht glücklich. Aber wie finden wir den richtigen Partner? Kennen Sie diese Sorge? Hoffentlich verliebe ich mich nicht wieder in den Falschen! Als hätte ich mir das bisher unbewusst eingefädelt ... Aber woran liegt das?

Die Psychologin Ursula Nuber (2020) führt dieses Phänomen auf den „Bindungseffekt" zurück. Die Bindungsforschung hat vier Bindungsstile identifiziert, die bei der Partnerwahl eine bedeutende Rolle spielen. Es lohnt sich, den eigenen Bindungstyp zu kennen, um besser zu verstehen, in welche Sorte Mensch man sich meistens verliebt und welche Konsequenzen das für die Beziehung hat. Um die vier Bindungsstile im übernächsten Kapitel besser beschreiben zu können, weihe ich Sie vorher noch in das Geheimnis ein, wie wir mit Erzählungen unsere Wirklichkeit selbst konstruieren.

Kapitel 4

Ich erzähle, also bin ich – Die Familie als Erzählerin ihrer Wirklichkeit

Die narrative Psychologie geht davon aus, dass wir unsere Wirklichkeit mit der Logik von Geschichten konstruieren. Von Geburt an reiht sich ein Lebensereignis an das andere. Es ist unmöglich (und auch nicht sinnvoll), sich jedes Erlebnis zu merken. Sobald wir das Erlebte in Sprache fassen wollen, müssen wir in der Erinnerung eine Auswahl treffen. Es ist beim Erinnern so, als würden wir mit einer kleinen Taschenlampe in einen riesigen dunklen Raum leuchten. Der schmale Lichtkegel erfasst nur einen winzigen Ausschnitt der erlebten Vergangenheit und blendet die restlichen Details zwangsläufig aus. Nun gilt es, die ausgewählten Lebensdetails in einen sinnvollen Zusammenhang zu bringen. Deshalb ordnen wir die herausgepickten Erinnerungselemente nach dem Prinzip einer Erzählung, indem wir sie in eine zeitlich plausible Handlungsfolge bringen (Schönhaar 1990).

Ein Beispiel: Die Geschwister Finn, Cleo und Tom sind zusammen aufgewachsen. Jedes erinnert sich an völlig andere Episoden aus der gemeinsamen Kindheit und kreiert daraus eine individuelle Familiengeschichte. Finn erinnert sich vor allem an die Ohrfeigen des Vaters und meint: „Bei uns gab es bei einem falschen Wort schnell mal Schläge. Meine Jugend setzte sich aus Momenten der Angst zusammen."

Cleo erinnert sich am liebsten an die schönen Urlaube und schwärmt: „Wir waren schon immer reiselustig. Bei uns reihte sich eine schöne Reise an die andere."

Tom erinnert sich nicht gern an früher und fasst verharmlosend zusammen: „Man kann sich seine Familie nicht aussuchen. Meine Eltern haben es bestimmt gut gemeint, aber ich möchte nicht mehr an die vielen Situationen denken, in denen meine Bedürfnisse nicht ernst genommen wurden. Meine Kindheit bestand aus einer Kette von Missverständnissen. Ich habe mich einfach nicht gesehen gefühlt."

Wie in unserem Beispiel lädt jeder Mensch seine Beobachtungen mit jeweils unterschiedlichen Bedeutungen auf und konstruiert auf diese Weise seine Wirklichkeit. Das funktioniert nur mit Hilfe von Sprache. Hierzu bietet uns die Kommunikation grundsätzlich drei Möglichkeiten (Retzer 1994):

Beschreiben von Beobachtungen

Sie können eine Beobachtung einfach neutral beschreiben (Papa geht aus dem Zimmer). Dabei ist es nicht neutral, welche Beobachtung Sie für eine Beschreibung auswählen. Sie hätten sich auch dafür entscheiden können, gar nicht darauf zu achten, ob Papa aus dem Zimmer geht und stattdessen Mama beobachten können.

Bewerten von Beobachtungen

Sie können die Beobachtung aber auch mit einer positiven oder negativen Bewertung aufladen (Es ist blöd, dass Papa aus dem Zimmer geht).

Erklären von Beobachtungen

Als dritte Möglichkeit können Sie Ihre Beobachtungen mit einer Erklärung versehen (Papa geht aus dem Zimmer, weil er sauer auf mich ist.). Hier konstruieren Sie eine Ursache für das Erlebte und entscheiden sich damit für eine von unzähligen Möglichkeiten, eine

Sache zu erklären. Eine „wirkliche" Ursache ist nicht greifbar und wir müssen uns mit dem Konstruieren von Ursachen zufriedengeben.

Mit der Entscheidung, wie Sie die drei Brillen bei Ihrer Sicht auf die Welt einsetzen, erschaffen Sie Ihre Wirklichkeit. Kinder übernehmen die Art und Weise, wie ihre Eltern und Geschwister die Dinge beschreiben, erklären und bewerten. Drei Beispiele für konstruktive beziehungsweise destruktive Kommunikationsmuster präsentiert das elfte Kapitel: Die Konstruktion der belasteten, der heldenhaften und der selbstsicheren Familie.

Kapitel 5

Vorsicht ist die Mutter der Beziehungskiste – Die Qual der Partnerwahl

„Drum prüfe, wer sich ewig bindet,
ob sich nicht doch was Besseres findet."

Volksmund

Warum verlieben wir uns oft in den Falschen?

Frühe Erfahrungen beeinflussen unser Beziehungsglück. Die Art der Bindung, die wir als Kind erfahren haben, prägt unser Bindungsverhalten bis ins Erwachsenenalter. Der Psychiater John Bowlby legte hierzu das theoretische Fundament.

Babys beginnen bereits ab dem Tag ihrer Geburt, durch ihr Verhalten die körperliche und emotionale Nähe zu ihren Bezugspersonen herzustellen. Je nachdem, ob das Kind verlässlich die nötige Zuwendung bekommt, fühlt es sich auch als Erwachsener sicher oder unsicher gebunden. Bei einer sicheren Bindung sucht das Kind den Kontakt zur Bezugsperson, vermisst sie, wenn sie geht, und freut sich, wenn sie wiederkommt. Der gefühlte Bindungsfaden reißt auch nicht ab, wenn zum Beispiel die Mutter nicht unmittelbar greifbar ist (Bierhoff u. a. 2014).

Die Psychologin Mary Ainsworth beobachtete im „Fremde-Situation-Test" 12 bis 18 Monate alte Kleinkinder, wie sie auf kurze Trennungen von ihrer Mutter reagieren, während eine unbekannte

Ersatzperson bei ihnen ist. Hierbei kristallisierten sich zwei sichere und zwei unsichere Bindungsstile heraus, die in angepasster Form auch bei Erwachsenen belegt werden konnten (Fraley u. a. 2000). Das Modell ermöglicht Ihnen, Ihren eigenen Bindungsstil zu reflektieren, um Ihre Gefühle, Ängste und Reaktionen in der Beziehung besser zu verstehen. Wir verinnerlichen die frühen Bindungserfahrungen als „Arbeitsmodell" und leiten davon ab, ob wir anderen – und vor allem uns selbst – vertrauen können. Ebenso bestimmen sie unsere positive oder negative Einschätzung von uns und anderen.

Auch bei der Partnerwahl werden wir von unserem Bindungsstil geleitet. Das erklärt, warum uns bestimmte Menschen magisch anziehen, auch wenn sie uns wichtige Bedürfnisse nicht erfüllen können, als wären wir schon früh auf ein destruktives Bindungsmuster spezialisiert worden. Ein guter Grund, genau hinzuschauen, ob wir uns heute einen Menschen aussuchen, mit dem wir das alte Beziehungsdrama wieder neu auflegen – vielleicht in der aussichtslosen Hoffnung, dass wir es dieses Mal zu einem Happy End führen können …

In welcher Beschreibung der vier Bindungstypen finden Sie sich am ehesten wieder?

Der sichere Bindungsstil

Sie gehen mit einem gesunden Maß an Selbstvertrauen durchs Leben und es fällt Ihnen leicht, auch anderen zu vertrauen? Dann war bei Ihnen anscheinend eine Bezugsperson in den ersten drei Lebensjahren sehr zugewandt und verlässlich. Sie konnten den sicheren Bindungsstil entwickeln. Rund 55 Prozent werden diesem Typ zugerechnet (Shaver u. a. 1993): Von Ihren Eltern fühlten Sie sich bedingungslos geliebt. Darauf konnten Sie sich auch bei Konflikten in der Pubertät verlassen. Sie haben eine gute Meinung über sich und denken auch gut über Ihren Partner. Es fällt Ihnen leicht, Nähe zuzulassen und zu genießen. Die Beziehung erleben Sie als emotional unterstützend. Angst vor Abhängigkeit? Was ist das! Ihr sicherer Bindungsstil ist geprägt von Zuneigung, Zuverlässigkeit, einfühlsamen Gesprächen und aufrichtigem Interesse am anderen. Es gibt für Sie nichts Schöneres, als Nähe zu geben und Nähe zu bekommen.

Der Fokus Ihrer Aufmerksamkeit

Sie lenken Ihre Beobachtungen in der Partnerschaft auf das Verbindende.

Ihnen fallen auch kleine Signale der Liebe auf. Sie merken zum Beispiel, wenn Ihr Partner für Sie Ihren Lieblingskäse gekauft hat.

Die Bewertung Ihrer Beobachtung

Sie bewerten die Beobachtung positiv: Wie lieb, dass mein Partner an meinen Lieblingskäse gedacht hat! Wie aufmerksam und wertschätzend!

Die Erklärung Ihrer Beobachtung

Das beobachtete Verhalten erklären Sie sich wohlwollend: Mein Schatz wollte mir mit dem Trüffelgouda eine Freude machen!

Ihre Selbst-Erzählung

Sie wählen aus dem Lebensfluss für Ihre Selbst-Erzählung vor allem die Erlebnisse aus, in denen Sie gute Beziehungen erlebt haben und fügen diese zu einem sicheren Selbstbild zusammen. Das könnte so klingen:

Ich hatte eine unbeschwerte Kindheit und habe mich mit meinen Eltern gut verstanden. Als mein Vater plötzlich starb, war das zwar traurig, aber zwischen uns war ja immer alles gut. Das konnte ich so stehen lassen. Mit vielen Freunden von früher habe ich heute noch Kontakt, die haben mich noch nie hängen lassen. Meine besten Buddies haben mich schon nachts um drei Uhr angerufen, wenn sie Hilfe brauchten. Das ist doch selbstverständlich.

Der ängstliche Bindungsstil

Leben Sie in dem Gefühl, nicht um Ihrer selbst Willen geliebt zu werden? Glauben Sie, für die Zuwendung Ihrer Mitmenschen etwas Besonderes leisten zu müssen? Das passt zum ängstlichen Bindungsstil. In Ihrem Lebensrucksack lag nicht von Anfang an der Proviant der bedingungslosen Liebe: das Grundgefühl, willkommen zu sein und die Sicherheit, sich immer auf jemanden verlassen zu können. Sie halten es kaum aus, ohne Beziehung zu leben, als würden Sie Ihr Selbst über die Partnerschaft definieren. Deshalb verlieben Sie sich leicht, um die innere Haltlosigkeit zu beenden. Die Angst, nicht zu genügen und verlassen zu werden, treibt Sie um. Sie unternehmen eine Menge, um sich der Beziehung zu vergewissern und Nähe zu bekommen. Anderen erscheint Ihr Verhalten manchmal völlig übertrieben und Sie werden irritiert gefragt: „Warum benimmst du dich wie ein hilfloses Kind, das Aufmerksamkeit erregen möchte? Du bist doch erwachsen!"

Der Fokus Ihrer Aufmerksamkeit

In der Beziehung beobachten Sie vor allem Phänomene, die darauf hinweisen könnten, dass Sie nicht mehr ausreichend geliebt werden. Sie finden zum Beispiel überraschenderweise Ihren Lieblingskäse im Kühlschrank.

Die Bewertung Ihrer Beobachtung

Ein schlechtes Zeichen! Den Käse kauft mir mein Schatz doch sonst nie!! Es wird etwas Schlimmes passieren!!!

Die Erklärung Ihrer Beobachtung

Das ist bestimmt meine Henkersmahlzeit (Trüffelgouda), danach kommt die Trennung.

Ihre Selbst-Erzählung

Ich bin halt nichts Spektakuläres. Deshalb muss ich mir stets etwas Spektakuläres einfallen lassen, damit sich mein Partner überhaupt mit mir abgibt. Sicher macht er bald Schluss und findet danach die Liebe seines Lebens. Das kenne ich ja schon. Kann ich gut verstehen: Meine Partnerin ist die Schöne und ich bin das Biest. Oder: Er ist der Schöne und ich bin das Biest.

Der ambivalente Bindungsstil

Werten Sie sich eher ab, anstatt sich selbst zu vertrauen? Braust in Ihnen oft ein Meer aus Wut und Einsamkeit, welches noch keine Kanäle finden konnte? In Ihren nebulösen ersten Lebensjahren machten Sie demnach traumatische Erfahrungen, die wahrscheinlich noch nicht in Ihrem Sinne aufgearbeitet wurden. Wie auch? In der Kindheit gab es anscheinend keine Bindungsperson, welche Ihnen zuverlässig die nötige Nähe garantierte und Ihnen ermöglichte, die extremen Gefühle zu regulieren. Sind Sie zudem hochsensibel mit einem feinen Gespür für Spannungen und Glücksmomente? Das spricht für den ambivalenten Bindungstyp. Wahrscheinlich haben Sie am Beginn der Beziehung eine hohe Meinung von der Frau oder dem Mann an Ihrer Seite. Sie verlieben sich zwar kopflos, aber ständig spüren Sie die Sorge, verlassen zu werden. Trotzdem löst große Nähe in Ihnen schnell Unbehagen aus und lässt Sie ausweichen. Trifft es zu, dass Sie aus Verlustangst Trennungssituationen geradezu provozieren (Nuber 2020)? Sie kennen das Wechselbad der Gefühle nur zu gut; den Kippeffekt zwischen Liebe und Hass. Kaum haben Sie den anderen im Zorn verstoßen, sehnen Sie sich wieder nach Versöhnung.

Der Fokus Ihrer Aufmerksamkeit

Im Fokus Ihrer Beobachtungen stehen Situationen, die Sie nutzen können, um Ihre Beziehung fühlbar zu machen. Ein denkbares Szenario: Ihr Partner hat den ganzen Abend kaum mit Ihnen geredet, sitzt vorm Fernseher und Sie entdecken, dass er Ihren Lieblingskäse gekauft hat. Sie packen den Trüffelgouda und schmeißen ihn auf die Mattscheibe. Der Fernseher fällt krachend um. Danach stehen Sie im Mittelpunkt und es folgt eine intensive Auseinandersetzung.

Die Bewertung Ihrer Beobachtung

So ein Käse, ich will keinen Trüffelgouda, ich will dich!!!

Die Erklärung Ihrer Beobachtung

Du hast meinen Lieblingskäse nur gekauft, damit ich nicht meckere, wenn du den ganzen Abend die bescheuerte Serie schaust, statt dich mit mir zu beschäftigen!

Ihre Selbst-Erzählung

In Ihrer Erinnerung bleiben die Situationen besonders haften, in denen Sie von Ihren Partnern enttäuscht oder verlassen wurden. Davon leiten Sie Ihre Selbstbeschreibung ab: Die anderen täuschen sich in mir. Wenn sich jemand in mich verliebt, dann verliebt er sich nur in meine Fassade. Aber das hält nicht lang. Sobald der Lack ab ist, wird jedem klar, was für ein langweiliger und unbedeutender Mensch ich bin. Kein Wunder, dass ich immer nach kurzer Zeit wieder abserviert werde. Das habe ich schon so oft erlebt. Dabei wünsche ich mir doch so sehr Nähe und Geborgenheit.

Der vermeidende Bindungsstil

Haben Sie Ihre Eltern als ablehnend und distanziert erlebt? Sind Sie am liebsten unabhängig und fällt es Ihnen schwer, anderen zu vertrauen? Können Sie selbst in der Partnerschaft keine große Nähe ertragen? Dann kennzeichnet Sie der vermeidende Bindungsstil. Sie fühlen sich in Beziehungen nicht besonders emotional gebunden. Ihre Selbsteinschätzung ist positiv, während Sie tendenziell ein negatives Bild von Ihrem Gegenüber haben. Aber so richtig glücklich macht Sie das Streben nach Unabhängigkeit auch nicht. Vielleicht gehen Sie wie viele Vermeider davon aus, dass Sie Ihr Schicksal kaum beeinflussen können, weil es vom Zufall oder von den Entscheidungen anderer Mächte abhängt.

Der Fokus Ihrer Aufmerksamkeit

Ihre Antennen sind besonders sensibel für alle Anzeichen, dass Ihnen jemand zu nah auf die Pelle rücken könnte.

Die Bewertung Ihrer Beobachtung

Sie sehen, dass Ihr Lieblingskäse für Sie gekauft wurde und bewerten: Wie übergriffig! Den kann ich mir doch selbst kaufen!!

Die Erklärung Ihrer Beobachtung

Ich soll mit dem Gourmet-Geschenk noch mehr von meinem Partner angebunden werden und auf weiteren Freiraum verzichten!

Ihre Selbst-Erzählung

Ich habe im Leben immer dann am meisten Anerkennung bekommen, wenn ich Leistung gebracht habe. Von Gefühlsduselei halte ich nichts. Ich komme prima allein zurecht. Ich glaube auch nicht, dass mir jemand in einer Partnerschaft meine Bedürfnisse erfüllen kann. Ich lasse mich nicht gerne ausnutzen und passe deshalb besonders auf, mit wem ich eine Beziehung anfange. Es gibt nichts

Schlimmeres als Psycho-Gespräche. Das habe ich nicht nötig. Warum soll ich zu zweit Probleme haben, die ich allein gar nicht hätte?

Die Mischung macht's – Stilmix und Partnerschaft

Sichere und Sichere

50 Prozent der Paare repräsentieren diese Kombination (Bierhoff/Rohmann 2014). Man kann sich aufeinander verlassen. Offenheit, Vertrauen und Einfühlungsvermögen bestimmen das Miteinander. Auseinandersetzungen werden wertschätzend geführt und es hängt nicht gleich das Damoklesschwert der Trennung über einem Streit.

Sichere und Ambivalente / Sichere und Vermeider

In Verbindung mit einem Ambivalenten kommt die Stärke des Sicheren zum Tragen, die Gefühlsschwankungen des Partners nicht gleich auf sich zu beziehen. Bei Diskussionen setzt sich der Sichere mit den Argumenten der Gegenseite auseinander und stellt seine Position genauso deutlich dar. Wenn er vom Ambivalenten beleidigt oder respektlos behandelt wird, sollte er sich seiner Haut wehren. Schließlich kann der ambivalente Partner auch einen fairen Umgang erwarten.

Paare mit diesem Stilmix sind meist mit ihrer Beziehung zufrieden und erleben die unterschiedlich gelagerten Stärken als große Bereicherung. Die gemeinsamen Aufgaben sind gut verteilt. Die Partner empfinden sich als gutes Team (Britz 2004). Die gleichen Vorzüge bringt die Bindung zwischen Sicheren und Vermeidern.

Ambivalente und Vermeider

Wenn wir uns wiederholt in den Falschen verlieben, bedienen wir erneut ein destruktives Bindungsmuster. Kuppeln sich zum Beispiel Ambivalente und Vermeider aneinander, machen sie sich systematisch unglücklich. Der eine wünscht sich genau die emotionale Nähe, die der andere nicht ertragen kann. So entlädt sich die alte Wut des Ambivalenten, welche den Vermeider noch mehr in die Flucht treibt. Von außen ist es kaum nachvollziehbar, dass diese zerstörerische Dynamik auf das ungleiche Paar wie sozialer Klebstoff wirkt. Einerseits empfinden solche Paare ihre Beziehung als sehr negativ und unbefriedigend, andererseits kommen sie lange Zeit nicht voneinander los.

Ambivalente und Ambivalente

Diese explosive Mischung erscheint Außenstehenden als toxische Beziehung. Aufgrund der labilen Gefühlskontrolle auf beiden Seiten reicht ein Funke, um den Partner wie ein Pulverfass hochgehen zu lassen. Was macht es für einen Sinn, dass sich zwei im Dauerstreit befinden? Hier wiederholt sich die negative Bindungserfahrung aus der Kindheit, in der für Nähe oft der Preis verstörender Distanz gezahlt werden musste. Ein anderes Beziehungsmuster kennen die Betroffenen nicht. Die Vermählung von Pech und Schwefel mag auf die Umwelt verrückt wirken, die Beteiligten empfinden es als ganz normal.

Ängstliche und Vermeider

Eine der häufigsten Mischungen erweckt ebenfalls den Eindruck „Leider verwählt". Für einen Ängstlichen bietet sich augenscheinlich ein sicherer Gegenpol an, der ihn auffängt und festen Halt gibt. Anerkennung und Harmonie wären doch genau der richtige Balsam für die schreckhafte Seele. Dennoch verbinden sich die Ängstlichen lieber mit Vermeidern. Ursula Nuber (2020) erklärt diesen scheinbar paradoxen Bindungseffekt: Ein Sicherer reizt den Ängstlichen kaum; zu wenig Profil, zu glatt. Was soll man mit so einem anfangen? Dagegen zieht die spannungsgeladene Verbindung mit einem Vermeider den Ängstlichen magisch an. Da ist Musik drin! Die Liebe will vom Ängstlichen erkämpft werden. Diese bittersüße Herausforderung bietet ihm nur der Vermeider.

Angenommen, Sie hatten Erfolg bei der Partnersuche und Sie möchten endlich auf Wolke sieben durchstarten. Die Dynamik Ihres Stilmixes kennen Sie bereits. Was gibt es in den Entwicklungsphasen der Beziehung noch zu beachten?

Im Folgenden erfahren Sie, was es beim Übergang von Wolke sieben zu Wolke sechs zu beachten gibt, wie Sie mit Unterschieden in der Partnerschaft umgehen können und warum es sich lohnt, an der Beziehung zu arbeiten, damit Sie sich auf lange Sicht auf Wolke vier einrichten können.

Kapitel 6

Aufbauanleitung für die Beziehungskiste

Die rosarote Brille – Wir sind eins

Der Rauschzustand von frisch Verliebten erinnert an psychopathologische Symptome aus der „manischen Episode", bei der die Erkrankten an einem übermäßigen Hochgefühl leiden (Retzer 2009). Übersinnliche Kräfte werden den Liebenden verliehen. Sie können bis ans Ende der Welt laufen, zu einem Körper verschmelzen, jeden Gedanken des anderen lesen und ohne technische Hilfsmittel zu den Sternen fliegen. Tatsächlich ist der Frühling der Liebe eine Zeit der körperlichen und seelischen Höchstleistungen. Tausend und eine durchwachte Nacht und selbst Schreibmuffel verfassen raue Mengen an langen Kurznachrichten. Das hat Tradition. Schon Goethe schrieb weit über tausend Briefe an seine platonisch geliebte Charlotte von Stein. Leider hat er ihr vor dem zweijährigen Italien-Urlaub nicht Tschüss gesagt, sonst hätte die Post noch lange an ihm verdient. Wenn sich jemand heute nach tausend glühenden Whats-Apps ohne Ankündigung in Luft auflöst, nennt man das *Ghosting*. Zu Goethes Zeiten nannte man das noch *herzlos*.

Liebestrunkene werden oft spöttisch belächelt, weil sie die Welt in Wirklichkeit nur durch eine rosarote Brille sehen würden. Der Paarexperte Arnold Retzer (2009) rät dazu, den Partner so lange es geht durch diese Gläser zu sehen.

Unterschiede wahrhaben – Du bist anders

Irgendwann kommt der Tag, an dem die Gläser der rosaroten Brille trotz aller Liebesmüh nachlassen. Bei der Beobachtung des anderen werden die unterschiedlichen Eigenschaften immer weniger von der seelischen Sehhilfe rausgefiltert.

Zum Beispiel trennt Susanne gewissenhaft den Müll und findet täglich Kompost in der gelben Tonne, den ihre Partnerin Sonja dort verklappt.

Heike springt sofort, wenn ihre Eltern sie sehen wollen, während Horst froh über jede Minute ist, die er nur mit Heike verbringen kann.

Paul räumt seine Sachen sofort weg und sorgt für ein sauberes und gemütliches Zuhause. Sein Mann Peter hinterlässt ständig Inseln aus Wäsche und gebrauchtem Geschirr.

Es gibt Probleme in der Partnerschaft, die sich nicht lösen lassen (Restriktionen). Ich mache aus einem Geizigen keinen Großzügigen, aus einem Partymuffel keine Stimmungskanone und wer meinen Freundeskreis nicht leiden kann, wird dies auch nicht ändern, wenn ich ihn regelmäßig dafür kritisiere.

Mein Vorschlag: Verschaffen Sie sich einen Überblick, bei welchen Themen beide eine Veränderung möchten und für möglich halten und bei welchen nicht. Das spart Zeit und Nerven.

Restriktionen kann man nur handhaben wie das Wetter. Ich führe keinen Regentanz auf, um bei sengender Hitze den Garten nicht selbst wässern zu müssen. Ich habe die Hoffnung aufgegeben, dass ich auf die Restriktion „Wetter" einen Einfluss habe. Was bleibt mir anderes übrig, als Strategien zu entwickeln, wie ich mit unlösbaren Problemen in der Partnerschaft umgehe. Martin wird vom Schwiegervater spöttisch behandelt, obwohl er ihn mehrmals darauf hingewiesen hat. Deshalb meidet er ihn, so gut es geht. Das stört zwar das Harmoniebedürfnis seiner Frau, aber er setzt sich nicht mehr dem unbeeinflussbaren „schlechten Wetter" in Form der Restriktion „Schwiegervater" aus.

Nehmen Sie möglichst früh von der Illusion Abschied, Ihren Partner grundlegend ändern zu können. Die Merkmale der Persönlichkeit sind viel zu tief verwurzelt, als dass man sie noch nach den eigenen Wünschen umformen kann. Über Verhaltensweisen, wie zum Beispiel sofort seine Wäsche wegzuräumen, lässt sich hingegen verhandeln.

Unterschiedliche Herkunftsfamilien und Empfindlichkeiten

Neben Ihrem sicheren oder unsicheren Bindungsstil bringen Sie auch Ihre althergebrachten Muster des Fühlens und Denkens in die Beziehung mit. Wir entwickeln von Geburt an Gefühls- und Denk-Schubladen (Schemata), in die wir unsere Wahrnehmungen einsortieren (Young u. a. 2005). Das geht auch nicht anders, denn wir können nicht für jedes Erlebnis unser Denken und Fühlen neu erfinden. Wir müssen vielmehr unsere Beobachtungen mit den bisherigen Erfahrungen abgleichen und in eine bewährte „Schublade" stecken.

Sicher überkommt Sie bei bestimmten Verhaltensweisen Ihres Partners sofort ein unangenehmes Gefühl, das sie von früher kennen.

In Saskias Familie wurde alles auf die letzte Minute erledigt, meistens kamen alle zu spät oder man hat es mal wieder gerade so geschafft. Wenn ihr Mann Helge die Termine nahtlos aneinanderreiht und trotz großem Zeitdruck das Auto noch seelenruhig durch die Waschanlage fährt, springt bei Saskia die alte Gefühlsschublade auf, prall gefüllt mit Angst, Ärger, Ohnmacht und Wut aus ihrer Kindheit.

Auch Helge erlebt mit Saskia regelmäßig Situationen, in denen er von alten emotionalen Schemata überwältigt wird. In seiner Herkunftsfamilie war es nicht selbstverständlich, über wichtige

Dinge automatisch informiert zu werden. Wenn er sich darüber beschwerte, mal wieder nur zufällig von den aktuellen Urlaubsplänen, Krankheiten oder Todesfällen in der Familie erfahren zu haben, hieß es: „Ach, ich dachte, du wüsstest das. Warst du nicht dabei, als darüber geredet wurde?" Sobald Saskia einmal vergisst, Helge eine Neuigkeit zu erzählen, fühlt er sich genauso ausgegrenzt und abgewertet wie in seiner Jugend.

Wenn Sie sich für Ihre Schemata interessieren, brauchen Sie nicht langwierig in Ihrer Kindheit zu wühlen. Es reicht, wenn Sie dem Kompass Ihrer Gefühle folgen.

Was macht Sie wahnsinnig? Welches Verhalten aktiviert bei Ihnen ein unliebsames Gefühlsmuster? Tauschen Sie sich mit Ihrem Partner bei passender Gelegenheit über Ihre individuellen „Schubladen-Momente" aus. Keiner sollte sich für seine persönlichen Empfindlichkeiten rechtfertigen müssen. Es zählt einzig der „Respekt vor der Gewordenheit des Anderen". Wenn Sie Ihrem Partner zuliebe eine Gewohnheit ändern, geht es nicht darum, bisher etwas falsch gemacht zu haben. Vielmehr ersparen Sie ihm den Blick in ein schauriges Fach seines Seelenkastens. Die gleiche Rücksicht sollten Sie von Ihrem Gegenüber auch erwarten.

Jetzt die gute Nachricht: Sie können sich auch Situationen organisieren, in denen die emotionalen Schubladen mit den Glücksgefühlen aufspringen.

Wann geht es Ihnen als Paar am besten? Vielleicht am Wochenende, wenn es keine Termine gibt, die Kinder bei Freunden untergebracht sind und Sie einfach in den Tag hineinleben? In der Natur? Bei guter Musik, gutem Essen und lieben Menschen? Stellen Sie sich für diese Schlüssel-Momente eine Wiederholungstaste vor. Arrangieren Sie sich so oft es geht die bewährten Rahmenbedingungen, in denen sich Ihre positiven Schemata aus der Seelen-Kommode locken lassen.

Unterschiedliches Verhältnis von Nehmen und Geben

Es gibt keine Liebe,
nur Liebesbeweise.

Jean Cocteau

Ein weiteres Unterscheidungsmerkmal für Paare ist das Verhältnis von Nehmen und Geben. Ob und wann sich die Waage in der Balance hält, hängt von den Beobachtungskriterien des Einzelnen ab. Was der eine als Geben verbucht, ist für den anderen selbstverständlich und nicht der Rede wert. Liegt der Fokus der Wahrnehmung darauf, was ich bekomme, bin ich gerne bereit, zu geben. Die Spirale des Gebens dreht sich aufwärts. Umgekehrt weigere ich mich, zu geben, wenn ich regelmäßig beobachte, zu wenig zu bekommen. Die Spirale des Gebens dreht sich abwärts.

Die gefühlte Gerechtigkeit nimmt zu, wenn sich beide darum bemühen, kontinuierlich Wertschätzung zu zeigen. Wenn Sie Ihren Partner nach seinem Geschmack verwöhnen, verzeichnen Sie mehr Punkte auf der Geben-Seite als mit hundert weniger bedeutenden Kleinigkeiten. Auch mit Dankbarkeit und Lob zahlen Sie auf das Guthabenkonto Ihres Lieblings ein.

In Beziehungen wird mit unterschiedlichen Währungen bezahlt, deren Umrechnungskurs selten bekannt ist oder gemeinsam festgelegt wird. Der Beziehungsberater Gary Chapman (2010) nennt diese unterschiedlichen Möglichkeiten, dem Partner seine Zuneigung auszudrücken, die „Fünf Sprachen der Liebe":

(1) Lob und Anerkennung
(2) Zweisamkeit – die Zeit nur für euch
(3) Geschenke, die von Herzen kommen
(4) Hilfsbereitschaft
(5) Zärtlichkeit

Wenn Sie erfahren möchten, welche Sprache der Liebe Sie sprechen, steht Ihnen ein Online-Test zur Verfügung: www.ehevorbereitung-online.ch/die-fuenf-sprachen-der-liebe/

Es ist Typsache, von welcher der fünf Sprachen sich ein Mensch am meisten angesprochen fühlt beziehungsweise in welcher Form er seine Liebe am liebsten ausdrückt. Jemand kann seine Verbundenheit nur in seiner bevorzugten Sprache übermitteln, wenn der Empfänger diese auch versteht. Wenn Sie in einer Beziehung gegenseitig Ihre „Muttersprache der Liebe" kennen, verändert sich augenblicklich die Wahrnehmung von Geben und Nehmen.

Der Klassiker: Ben ist Handwerker und kümmert sich um alles, was es im Haushalt zu reparieren gibt. Er baut stets die IKEA-Möbel auf, kümmert sich um den Reifenwechsel bei den Autos und tauscht unaufgefordert das Wasser im Aquarium. Nach Feierabend kommt er sich manchmal vor wie ein Familienhausmeister im Nebenberuf. Seine Sprache der Liebe ist die Hilfsbereitschaft.

Brittas Sprache ist die Zärtlichkeit. Bisher lebte sie in dem Gefühl, Ben mehr Liebe zu geben als von ihm zu bekommen, weil er sie selten spontan anfasst. Ihr Lieblingszitat hörte sie in einer Talkshow von dem Schriftsteller Ralph Giordano: „Liebe ist, wenn man nicht am anderen vorbei gehen kann, ohne ihn zu berühren." Seit sie die fünf Sprachen der Liebe kennt, verrechnet sie Bens Hilfsbereitschaft als Geben und Ben hat gelernt, wie er mit der Währung „Zärtlichkeit" bei Britta das Konto auffüllen kann.

Ein weiteres Beispiel. Kai ist voller Wertschätzung für seinen Mann Alexander. Er lobt ihn bei jeder Gelegenheit und zeigt ihm seine Anerkennung. Diese Sprache der Liebe kommt aber kaum bei Alex an, weil Kai beruflich so eingespannt ist, dass nur wenig Zeit für Zweisamkeit bleibt. Das Erleben von möglichst vielen gemeinsamen Momenten ist aber Alexanders Sprache der Liebe, der sich von Kai nicht wirklich wertgeschätzt fühlt.

Streiten bringt nichts, aber reden kann helfen

Der Begriff Streit stammt vom althochdeutschen „*strīt*" mit den Bedeutungen Auseinandersetzung mit Worten (vor Gericht) oder mit Waffen, innerer Kampf, Widerstand, Streitmacht, Heeresabteilung, Schlachtordnung, Rache und Streben (Grimm u. a. 2003).

Streiten, im Sinne von Krieg führen, führt zwangsläufig zu Verletzungen bis hin zur Vernichtung. Wenn Sie kriegerische Auseinandersetzungen mit Ihrem Partner vermeiden können, tun Sie es. Das heißt nicht, dass Sie Wut und Ärger in sich hineinfressen sollen. Es macht aber einen Unterschied, ob Sie dem „Gegner" kurz signalisieren, dass Sie sich schützen müssen und aus der Schusslinie gehen, oder ob Sie weiter Öl ins Feuer der Eskalation gießen. Denn in Stress-Situationen geraten Worte zu Waffen. Die Angriffs- und Verteidigungsmuster sind eingeschliffen. Ich rate meinen Klienten, in solchen Momenten neue Formen der Kommunikation auszuprobieren. Wenn Sie merken, dass eine Diskussion in die Sackgasse führt, hat es sich bewährt, dass einer einfach „Stop" sagt. Einige vereinbaren sogar, sich nach dem Signal „Stop" in den Arm zu nehmen.

Andere Paare, die gerne einen eskalierten Dialog von vorne beginnen möchten, einigen sich auf ein nonverbales Zeichen, um neu zu starten. So legt zum Beispiel einer seine Armbanduhr auf den Tisch, um damit symbolisch die Zeit zurückzudrehen. Die Fortgeschrittenen wechseln die Form der Kommunikation und machen eine Kissenschlacht.

Wer auf eine verbale Auseinandersetzung besteht, kann auch ein *Date* für einen Flüster-Streit ausmachen, bei dem nur leise gesprochen werden darf.

Als Alternative verabreden Sie sich ein paar Tage später zu einem Spaziergang. Der erste Schritt besteht darin, sich über das eigene Erleben des Konfliktes auszutauschen. Ziel ist es nicht, im ersten Anlauf eine Lösung zu finden. Das nimmt den Druck raus. Es schadet nicht, im Gespräch folgende Leitplanken zu beherzigen.

Leitplanken für eine wertschätzende Kommunikation

Sich öffnen

Öffnen Sie sich und beschreiben Sie, was in Ihnen vorgeht. Wenn Sie Ihre Gefühle und Bedürfnisse direkt äußern, lassen sich Anklagen und Vorwürfe vermeiden und Sie können sich leichter verständlich machen.

Ich-Aussagen

Sprechen Sie von Ihren eigenen Gedanken und Gefühlen. Das gelingt am besten mit Ich-Aussagen. Äußerungen, die nur auf andere gerichtet sind (Du-Sätze), sind meist mehr oder minder verdeckte Angriffe, die schmerzliche Gegenangriffe oder Rechtfertigungen auslösen. Stattdessen zum Beispiel: „Ich habe es so erlebt …"

Konkrete Situationen ansprechen

Sprechen Sie konkrete Situationen an und vermeiden Sie Verallgemeinerungen (immer, nie, jedes Mal etc.), die oft Widerspruch hervorrufen und vom eigentlichen Inhalt ablenken. Das macht Ihre Aussagen anschaulicher.

Konkretes Verhalten ansprechen

Sprechen Sie von konkreten Beobachtungen. Das macht Ihre Aussagen nachvollziehbar und verzichten Sie darauf, Ihren Partner zu bewerten. Eine Unterstellung von negativen Eigenschaften (typisch, unfähig, langweilig etc.) ruft nur Widerspruch hervor. Trennen Sie die Beschreibung Ihrer Beobachtungen von der Beschreibung Ihrer Gefühle und Gedanken, die dabei ausgelöst werden.

Beim Thema bleiben

Achten Sie darauf, nur auf solche Inhalte einzugehen, die für das Thema relevant sind und Ihrem Partner verständlich machen, was

Ihr Anliegen ist. Sonst läuft das Gespräch Gefahr, vom Hölzchen aufs Stöckchen zu kommen und ins Allgemeine abzudriften.

Aktives Zuhören

Zeigen Sie Ihrem Partner nonverbal, dass Sie ihm zuhören und Interesse an seinen Äußerungen haben. Das kann zum Beispiel durch unterstützende Gesten wie Nicken oder kurze Einwürfe wie „hm", „aha" geschehen. Neben dem Blickkontakt sind auch eine zugewandte Körperhaltung hilfreich und Ermutigungen, weiterzusprechen wie „Ich würde gern mehr darüber hören". Hier ist die Haltung hilfreich, den anderen wirklich verstehen zu wollen.

Zusammenfassen

Melden Sie die wichtigsten Äußerungen des Partners möglichst in eigenen Worten zurück, um deutlich zu machen, dass Sie ihn verstanden haben. Fällt Ihnen dies schwer, sollten Sie vor wörtlichen Wiederholungen nicht zurückschrecken. So erkennen Sie Missverständnisse und strukturieren das Gespräch.

Offene Fragen

Offene Fragen kann man nicht mit Ja oder Nein beantworten. Sie helfen, die Aussagen des Partners besser zu verstehen: „Wie ging es dir dabei?", „Woran hast du das gemerkt?" statt: „Stimmt es nicht? Hast du es so gewollt? War das dein Ziel?"

Offene Fragen nötigen den Gesprächspartner nicht zu Rechtfertigungen und laden dazu ein, sich tiefer auf das Thema einzulassen.

Die wertschätzende Haltung

Natürlich ist es kaum möglich, sich bei emotionalen Themen an jede dieser Regeln zu halten. Wichtiger ist es aus meiner Sicht, die wertschätzende Haltung zu zeigen, die sich in den skizzierten Gesprächs-Leitplanken widerspiegeln:

- Jeder hat die gleichen Rechte. Keiner versucht den andern zu ändern.
- Über Unterschiede wird respektvoll geredet und über Verhaltensalternativen kann verhandelt werden.
- Es geht mir nicht ums Recht haben, sondern ich möchte dir meine Gefühle und mein Erleben verständlich machen.
- Ich möchte auch deine Gefühle und dein Erleben verstehen. Deshalb höre ich dir zu und frage nach, wenn ich etwas nicht verstehe, ohne das Gehörte zu bewerten.

Das wöchentliche Zwiegespräch

Es gibt Partnerschaften, die besser funktionieren, wenn möglichst wenig geredet wird. Bestimmte Probleme entstehen erst, weil man zu oft oder überhaupt über eine Sache spricht.

Macht sich bei Ihnen aber das Unbehagen breit, den Partner nicht mehr zu spüren oder fühlen Sie sich nicht mehr gesehen und unfair behandelt, bietet sich ein wöchentliches Zwiegespräch an. Der Paarforscher Michael Lukas Moeller (1996) empfiehlt hierzu einen festen Rahmen.

Sie verabreden sich einmal in der Woche für mindestens 90 und maximal 120 Minuten an einem angenehmen Ort, an dem Sie keiner stört. Auch nicht Ihr Handy. Jeder teilt mit, was ihn gerade innerhalb oder außerhalb der Beziehung bewegt und spricht dabei nur von sich. Ohne Recht haben zu wollen oder Schuld zu verteilen. Außer neutralen Verständnisfragen sind Fragen und Ratschläge tabu. Sie lassen sich gegenseitig ausreden und unterbrechen sich nicht. Die Redezeit sollte ungefähr gleich verteilt sein. So bietet sich der Wechsel nach jeweils 15 Minuten an. Schweigen ist erlaubt. Es besteht kein Zwang, sich selbst zu offenbaren.

Das Geheimnis des Erfolges von Zwiegesprächen liegt in der Regelmäßigkeit. Es hat sich bewährt, den wöchentlichen Rhythmus zuverlässig einzuhalten, um nicht aus dem Takt zu kommen. Falls Sie noch zögern, sich auf den Jour fixe einzulassen, können Sie das

Zeitfenster auch verabreden, um über die Vor- und Nachteile von wöchentlichen Zwiegesprächen zu diskutieren. Erst dann treffen Sie die Entscheidung für oder gegen diese neue Form des regelmäßigen Austauschs.

Aus Ich und Du wächst ein Wir

Wenn die Unterschiede zwischen den Partnern erfolgreich erkannt, erfolglos bekämpft und ernüchtert akzeptiert wurden, beginnt eine neue Phase der Verbundenheit. Der mühsam geschärfte, realistische Blick aufeinander erlaubt es jetzt, die Gemeinsamkeiten aufs Podest zu heben und das Alltagsglück zu entdecken. Alle Schwächen sind hinreichend bekannt.

Eine gute Basis, um sich endlich den Stärken zuzuwenden: Wenn Sie Ihre Partnerschaft komplett neu erschaffen könnten, was sollte dann genau so bleiben, wie es ist? Mit dieser Frage sieben Sie das Gold aus dem Sand. Sie lassen die erfolglosen Verhaltensweisen einfach weg und wiederholen nur noch das Verhalten, das Ihnen beiden guttut.

Das Wir entsteht durch die Balance zwischen Ich und Du, durch den Drahtseilakt zwischen Autonomie und Bindung. Beim Wir sind Sie kein Anhängsel des anderen und umgekehrt. Jeder braucht dazu seine Freiräume, persönlichen Reviere und sicheren Orte. Es klingt paradox, aber erst wenn Sie und Ihre bessere Hälfte auch (wieder?) ein eigenes Leben führen, wird ein erfülltes Zusammenleben möglich.

Bei Paaren, die sich über jede Kleinigkeit streiten, ist die Nähe so unerträglich groß geworden, dass ständig ein Keil dazwischen getrieben werden muss. Partner, die sich gegenseitig Zeit und Raum für die persönliche Entwicklung geben, freuen sich aufeinander. Sie halten sich nicht mehr für eine unzertrennliche Einheit, aber für zwei eigenständige Planeten, die in der gleichen Umlaufbahn kreisen.

Wir sind schwanger

Mit der frohen Botschaft, dass die Zweisamkeit bald vorbei ist, kommt die schlechte Botschaft, dass die Zweisamkeit bald vorbei ist. Nichts wird so bleiben, wie es vorher war. Die mentale Vorbereitung auf den Ausbau der Beziehung beginnt. Wird es ein Junge oder Mädchen? Die Einigung auf den Vornamen stellt Paare auf die erste Probe, denn es gilt, für das ungeborene Kind die erste gemeinsame Entscheidung zu treffen.

Ein Blick über den kulturellen Tellerrand: In Indien erhalten Säuglinge erst Wochen nach ihrer Geburt einen Namen. Die Eltern suchen vorher einen Hindupriester auf. Er liest für den neuen Erdenbürger die Sterne aus und legt fest, mit welchem Buchstaben der Vorname beginnen sollte, sonst ist der Sprössling ein Leben lang vom Pech verfolgt.

In Kolumbien, Venezuela und Peru sind englische Namen sehr populär. Allerdings spricht dort kaum jemand Englisch. So steht in vielen Ausweisen der Vorname „Usnavy". Auf amerikanischen Kriegsschiffen hatten Eltern den Schriftzug US Navy gelesen und für ihr Kind übernommen.

In Südafrika erhält man zwei Vornamen, einen afrikanischen und einen englischen. Der englische spiegelt oft den ersten Gedanken wider, der spontan beim Anblick des Babys aufblitzt. Deshalb heißen Südafrikaner oft Handsome, Prosper, Problem, Pretty und so weiter. Übersetzt: „der Stattliche", „der Gedeihende", „Problem" oder „die Schöne" (Baxmann u. a. 2021).

Nomen est omen: Der Name ist ein Zeichen. Chiffre und Ziel der Identität zugleich. Die Hitliste in Deutschland 2021 (Vorname.com 2021): Die beliebtesten Mädchennamen sind Lima (gelbe Blume, Sprecherin), Emilia (Fleißige, Nachahmende) und Ella (Sonnenhafte, Schöne). Die männlichen Favoriten: Lobo (Wolf), Elias (mein Gott ist Jahwe) und Theo (Geschenk Gottes).

Der Wunsch nach besonders ausgefallenen Vornamen stößt bei den Standesämtern auf Grenzen. Abgelehnt wurden bereits: Junge, Störenfried, Whisky, Popo, Porsche, Gucci, Köln und Satan.

Erlaubt sind dennoch Pepsi-Carola, Don Armani Karl-Heinz, Camino Santiago Freigeist, Harley-David und Emelie-Extra (Perske 2013). Ich wollte meine Kinder VISA und BAföG nennen, aber es kam nicht dazu.

Die Macht des Namens ist für das Selbstwertgefühl nicht zu unterschätzen. Die werdenden Eltern gießen all ihre Hoffnungen in die Benennung ihres Kindes. Passt der Vorname zum Nachnamen (Lore Leyhausen, Kai Ahnung)? Wie kann man den Namen abkürzen („Wir haben unseren Sohn Nikolaus genannt, damit wir ihn später Nicki rufen können.")?

Lässt sich der Name verhunzen („Krasen frisst Rasen!")?

Die gemeinsame Auswahl des Vornamens bietet die große Chance, sich auch über die Flut an Gedanken und Gefühlen auszutauschen, welche mit der neuen Rolle als Eltern auf Sie zurollt. Welche gemeinsamen Vorstellungen von Erziehung und Familienleben gibt es schon? Sobald das Baby auf der Welt ist, bleibt wenig Zeit für Gespräche. Deshalb nutzen Sie die Phase der Schwangerschaft zum ungestörten Reden, Planen und Träumen.

Mutprobe für werdende Eltern

- Was möchten wir aus unserer Partnerschaft erhalten und in die neue Familie retten? Worauf müssen wir verzichten?

- Wie wollen wir den Alltag mit Baby organisieren? Wer ist für was verantwortlich? Wer kann uns unterstützen?

- Wie möchten wir unser Kind erziehen?

- Was wollen wir heute vereinbaren, wie wir mit Krisen und Stress umgehen möchten, wenn uns der Alltag über den Kopf wächst?

Schreiben Sie sich Ihre Ideen und Vereinbarungen in ein schönes Heft und vergessen Sie nicht, es später im Windelwahnsinn wieder anzusehen und zu ergänzen.

Kapitel 7

Kinderüberraschung –
Das Ende der Zweisamkeit

Zuckersüße Hundewelpen abzugeben!

Wenn du in den nächsten 15 Jahren bereit bist, deine eigenen Bedürfnisse hinten anzustellen und dich artgerecht um den Hund zu kümmern, genügend Platz in der Wohnung hast, körperlich und seelisch fit bist, ausreichend Zeit, Geld und Lust für den Hund hast, ihn mit in den Urlaub nimmst oder jemanden kennst, der auch sonst gerne auf ihn aufpasst, mit Dreck und Unordnung leben kannst, geduldig, liebevoll, einfühlsam und trotzdem stark genug für einen Hund bist, ihn auch in schlechten Zeiten nicht ins Tierheim bringst, Erfahrungen mit Hunden hast oder bereit bist, dich umfassend zu informieren – dann melde dich bei mir! Wenn nicht, dann solltest du weder Hunde noch Kinder großziehen.

Frei nach einem Facebook-Post

Guerilla-Angriff auf die Beziehung

Das erste Wunsch- oder Überraschungskind stellt Paare vor ungeahnte Herausforderungen. So deutliche Worte wie bei der Hundevermittlung in der Facebook-Anzeige fallen bei der Familienplanung selten. Neben der ständigen Sorge um das Wohlergehen des Babys muss das Leben komplett neu organisiert werden. In der Regel werden für die Mutter die Kontakte zu den bisherigen Kollegen schleichend seltener, weil sie ihre Stelle mit Regelarbeitszeit gegen den 24/7-Job der Kinderbetreuerin und Haushaltsmanagerin eintauscht. Der Abschied von der bisherigen Freiheit beschäftigt bereits viele Schwangere. Sobald der Nachwuchs kommt, verschwindet das selbstbestimmte Leben. Die alten Freizeitaktivitäten sind nicht mehr ohne weiteres möglich. Eine weitere Sorge: Darf ich meinen Sonnenschein überhaupt allein lassen? Und wenn ja: Wem kann ich ihn mit gutem Gewissen anvertrauen?

Zudem scheint es keine Zeit mehr für die Partnerschaft zu geben. Anna und Michael erleben es so:

Michael: „Kinder sind ein Guerilla-Angriff auf die Beziehung. Seit Sarah-Marie auf der Welt ist, verschwand unsere Partnerschaft in den Untergrund. Alles dreht sich nur noch um das Baby. Meine Frau ist vollkommen fertig und fremdgesteuert. Natürlich finde ich unseren Krümel unfassbar süß und schmelze dahin, wenn sie mich mit ihrer winzigen Hand um den Finger wickelt. Nett, dass ich Sa-Ma auch mal halten darf. Aber füttern, waschen, windeln? Das muss Papa erst noch lernen ... Über Nacht hat sich unsere Partnerschaft in ein Glashaus aus Erwartungen verwandelt. Wenn ich von der Arbeit komme, beginnt meine zweite Schicht. Anna empfängt mich mit der Ansage: Ich glaube, Sa-Ma hat Bauchweh, machst du bitte schnell die Küche und das Bad ... Wenn ich nach acht Stunden Büro mal keine Kraft dazu habe, bin ich gleich der faule Sonntagsvater, der die gestresste Mutter hängen lässt ...“

Anna: „Schlafen kann ich, wenn ich tot bin. Jede Nacht dreimal raus. Ich bin völlig übermüdet. In der Schwangerschaft dachte ich, das „bisschen Haushalt“ mache ich als Vollzeit-Mutti nebenbei. Seit drei Monaten sieht es bei uns aus wie Sau. Ist mir mittlerweile auch völlig egal. Ich mache mir auch nichts Gescheites zu essen. Essen? Was ist das? Michael gibt sich wahnsinnig Mühe, aber er sieht die Arbeit nicht. Ich möchte auch nicht um alles bitten und betteln müssen. Für Beziehungsstress habe ich im Moment echt keine Kraft ...“

Aus der Verbindungslinie zwischen Zweien ist ein Dreieck geworden. Aus einer Beziehung werden plötzlich drei Beziehungen (Paarbeziehung, Mutter-Kind-Beziehung, Vater-Kind-Beziehung). Die alten Strategien des Zusammenlebens funktionieren zu dritt nicht mehr. Es kommt naturgemäß zur Krise. Wenig Schlaf, viel

Stress, kaum Kraft. Vorher hatte jeder noch seine eigenen Bereiche, mit eigenen Freunden und flexiblen Rückzugsmöglichkeiten. Jetzt bestimmt das Baby über Zeit, Geld und Raum. Die Versorgung des Kindes ist mit vielen monotonen Routinen verbunden. Die meiste Zeit verbringt die Bezugsperson allein mit dem Kind in der Wohnung, bis der Partner, sofern es einen gibt, erschöpft von der Arbeit kommt.

Das Loch in der Familienkasse wächst schneller als der Winzling und verschlingt Unsummen für Autositze, Buggy und Spielzeug. Bereits im ersten Jahr werden oft über 600 Euro allein „von Windeln verweht".

Aus Sicht der Väter bilden jetzt Mutter und Neugeborenes eine Einheit, gegen die man erstmal ankommen muss. Kann und darf ich als Vater den Spross genauso gut versorgen? Männer machen sich Sorgen um ihre Autonomie, wenn ihnen jeder Handgriff vorgeschrieben wird. Aber es gibt auch für Papis ein Leben nach der Geburt. Am guten Willen fehlt es ihnen laut einer repräsentativen Umfrage nicht (Forsa 2013): 71 Prozent kümmern sich (nach eigener Aussage) von Anfang an um die Säuglingspflege, 58 Prozent stehen bei Babygeschrei nachts auf und 54 Prozent toben viel mit den Kids herum. Jeder Zweite schmust gern und viel.

Eine andere Studie verglich die Einschätzungen von Müttern und Vätern zu den Veränderungen in der Beziehung in den ersten fünf Jahren nach der Geburt (ElitePartner 2018). Erstaunlich einhellig nannten beide Seiten (70 bis 80 Prozent) die gleichen Bereiche der Verbesserung. Die Partner fühlen sich durch das Baby stärker emotional miteinander verbunden, finden sich gegenseitig attraktiver und erleben ein positiveres Verhältnis zu den Eltern beziehungsweise Schwiegereltern.

Zu Streit kommt es dafür häufiger über die fehlende gemeinsame Zeit und über die ausgewanderte Sexualität. Darunter rangieren die Konflikte um die ungleiche Erledigung des Haushalts und die unterschiedlichen Meinungen zum Thema Erziehung (Forsa 2013).

Die nervenaufreibende Neuorganisation der postnatalen Beziehung kann bis zu fünf Jahre dauern. Die erste nützliche Erkenntnis: Die Krise nach der Geburt ist eine ganz normale Entwicklungsphase, die jede Familie durchläuft. Das Alte in der Beziehung stirbt und das Neue kann noch nicht geboren werden (Gramsci 1992). Sehen wir uns die genannten Konfliktfelder im Einzelnen an.

Wasser in der Wüste – Paarzeit

Nützlich ist die Trennung zwischen Eltern-Ebene und Paar-Ebene. Stellen Sie sich die beiden Beziehungssysteme wie zwei getrennte Topfpflanzen vor: Jede braucht Wasser, um nicht zu vertrocknen.

Es nützt der Paar-Flora nichts, wenn nur die Eltern-Botanik gegossen wird. Wenn Ihre Partnerschaft nicht eingehen soll wie eine Primel, bedarf es der nötigen zeitlichen Zuwendung. Für den kleinen Dünger zwischendurch lassen sich im Alltag Zeitinseln erobern, die bisher unentdeckt geblieben sind. Was haben Sie bislang allein erledigt statt zusammen? Wie lassen sich schon während der Kinderbetreuung die gemeinsamen Erlebnisse vermehren? Die Wege zum Einkaufen, die Zeit auf dem Spielplatz, die Spaziergänge mit dem Kinderwagen, das Kochen und weitere bisherige Einzelaktivitäten bieten ein gewisses Potential für die Luxus-Momente der Beziehung. So machen Sie aus ein paar Minuten Paar-Minuten.

Den größeren Schatz für Ihre Paarzeit heben Sie mit verbindlichen Verabredungen, bei denen Sie von Ihrem Elternjob Feierabend machen und Ihr Baby von den Großeltern oder Freunden betreuen lassen. Es hat sich bewährt, in diesen seltenen Stunden ungestört etwas zu unternehmen. Besonders attraktiv ist ein Abend im Hotel, wo Sie wortwörtlich einen geschützten Raum für Ihre Partnerschaft finden. Leider ergeben sich diese Termine nicht von selbst. So wie die einen „Blumengießen" in den Kalender schreiben, retten andere

Ihre Beziehung vor dem Verdursten mit festen Dates mit dem eigenen Partner.

Das böse Wort mit S

Es gibt Wechselwirkungen zwischen den Beziehungsproblemen und der Flaute im Bett. Sind Sie von Ihrem Partner gelangweilt, genervt oder verletzt? Dann wird es Ihnen schwerfallen, intim zu werden.

Trennen Sie deshalb mental die Sexualität von Ihrer Beziehung. Sie bildet neben der Paar-Flora und Eltern-Botanik den dritten Blumentopf.

Das Liebesleben braucht eine andere Pflege, um zu gedeihen, als die Eltern- oder Partnerschaft. Bei jedem Menschen müssen für den entspannten Liebesakt viele individuelle Rahmenbedingungen erfüllt sein. Hier treffen zwei Bedürfniswelten aufeinander. Wenn im Alltagsstress die Nähe zu groß wird, geht eine weitere Voraussetzung für die Leidenschaft verloren: Die Heimlichkeit. Wir erinnern uns an die Geschichte von Romeo und Julia. Das Feuer ihrer Liebe brennt besonders heiß, weil sie ständig voneinander getrennt werden und sich gegen alle Verbote nur heimlich vereinen dürfen. Brennen Sie noch aufeinander? Oder sinken Sie einfach erschöpft nebeneinander in die Kissen …

Für die Paarzeit hatte ich bereits ein Treffen im Hotel empfohlen. Das ist ebenfalls eine Möglichkeit, sich wieder Raum für Zärtlichkeit zu schaffen. Auch ohne Hotel lohnt es sich, eine feste Zeit auszumachen, um sich wieder näherzukommen. Die Mutigen gönnen sich ein besonderes Experiment, das sich bewährt hat.

> **Mutprobe: Date mit dem eigenen Partner**
>
> • Sprechen Sie sich mindestens zwei Wochen vorher ab, wann, wo und wie genau Sie intim werden möchten. Je genauer, umso besser!
>
> • Lassen Sie sich bei der Umsetzung einfach überraschen: Es muss kein Ziel erreicht werden.

Mental Load – Das bisschen Haushalt?

Wie weiter oben beschrieben, leisten die Frauen immer noch doppelt so viel Haus- und Sorgearbeit wie die Männer. Von allein regelt sich die Aufteilung naturgemäß nicht. Die Gedanken der für die Familie Verantwortlichen kreisen stets um eine endlose To-do-Liste. Diesen permanenten Druck bezeichnet neuerdings der Begriff Mental Load. Die Psychologin Patricia Cammarata (2020) weist in ihrem Ratgeber den Weg „Raus aus der Mental Load-Falle".

Mental Load umfasst neben der Aufgabenflut auch den Planungsdruck, der den Kopf belastet. Wenn der Mann im Haushalt und bei der Erziehung hilft, ist das gut und schön. Hat er deshalb auch den Überblick, was im Kühlschrank fehlt, was noch für die Babypflege besorgt werden muss und welche Strampler nicht mehr passen? Cammarata legt den Maßstab des professionellen Projektmanagements an und deckt das enorme Verbesserungspotenzial bei der Verteilung des Mental Loads auf beide Eltern auf. Im Business würde man ein so großes und komplexes Projekt wie Familie niemals dem Zufall überlassen. Im privaten Bereich soll die Mammut-Aufgabe von der Mama „ganz nebenbei" gewuppt werden. Ohne Projektplan, ohne Personal, ohne Zeitpuffer. Als erstes strich die dreifache Mutter alle unnötigen To Do's (zum Beispiel Kuchenbacken fürs Schulfest; stattdessen Kuchen kaufen). Danach stellte sie alle bisher „selbstverständlichen" Dienste für die Familie ein (Toilettenpapier und Seife nachfüllen etc.). Im nächsten Schritt machte sie ihrem Mann den vollen Umfang ihrer bisherigen Verantwortlichkeiten transparent.

Es geht nicht um das Abgeben von einzelnen Tätigkeiten, sondern um die Übertragung der Gesamtverantwortung für bestimmte Bereiche: „Der erste Schritt ist eine Bestandsaufnahme: Was gibt es eigentlich an Aufgaben? Wie lange braucht man dafür? Was machst du, was mache ich? Und vor allem: Wer denkt daran, und wer initiiert das? Es lohnt sich, das sehr kleinteilig aufzuschreiben", fasst Patricia Cammarata zusammen (Schaaf 2020). Ihr Gatte war bass erstaunt, wie viel Familienarbeit auf den Schultern seiner Frau lastete. Sofort erklärte er sich bereit, die Hälfte zu übernehmen. Schnell stellte sich heraus, dass es Dinge gibt, die beide nicht gerne erledigen. Auch dieses Leid muss geteilt werden.

Wie bei jedem Projektmanagement lebt der Erfolg des Mental Load Sharings von den wöchentlichen Projektmeetings, in denen die Umsetzung des Plans reflektiert und nachjustiert wird.

Leichter fällt das mentale und praktische Umladen Paaren, die bereits vorher Gesprächsroutinen wie zum Beispiel das weiter oben beschriebene Zwiegespräch eingeführt haben.

Rendezvous mit dem Yeti – Erziehung im Nebel

Mit der Erziehung ist es wie mit dem Yeti. Es soll ihn wirklich geben, aber keiner hat ihn jemals dingfest gemacht. Man nimmt sich als Eltern etwas vor, für das man in der Regel nicht ausgebildet ist. Und selbst für professionelle Erzieher gilt: Das Ergebnis von Erziehung kann keiner voraussagen.

Kinder lassen sich nicht bedienen wie Maschinen. Wenn ich bei meinem Kaffeeautomaten immer die gleichen Knöpfe drücke, erhalte ich stets den gleichen Kaffee. Wer nicht ernsthaft glaubt, dass Kinder triviale Maschinen sind, der glaubt auch nicht ernsthaft, man könne sie berechenbar erziehen (Luhmann 2002).

Menschen verfügen im Gegensatz zu Automaten über ein eigendynamisches Seelenleben: Das psychische System von Kindern und Erwachsenen lässt sich nicht auf Knopfdruck gezielt beeinflussen. Der Anspruch, „optimal" erziehen zu können, damit der Sprössling „richtig" wächst und gedeiht, führt in die Verzweiflung.

Der systemische Vordenker Heinz von Foerster (1996) vergleicht diese Illusion mit der Anstrengung, eine unlösbare Rechenaufgabe lösen zu wollen: Erhalte die Zahl 13 als Ergebnis, indem du nur gerade Zahlen zusammenaddierst oder voneinander abziehst. Da nützt es auch nichts, dazu Online-Kurse zu belegen wie „Die neue Mathematik – Wir zeigen Ihnen, wie Sie am Ende trotzdem auf 13 kommen!" Der Kraftakt bleibt zum Scheitern verurteilt.

Was bedeutet dieses Sinnbild für die unlösbare Aufgabe, „richtig" zu erziehen? Wir können unseren Kindern nur einen Rahmen bieten, in dem die Chancen für eine positive Entwicklung möglichst günstig sind. Es gibt kein Patentrezept, sondern nur einen dynamischen Prozess der Beziehungsgestaltung, der mal besser und mal schlechter gelingt.

Wie passt diese ernüchternde Ausgangslage zu unseren Gedanken und Gefühlen im Erziehungsalltag? Wir möchten einerseits eine gute Beziehung zum Kind erhalten und andererseits müssen wir Grenzen setzen. Sonst landet der Goldfisch im Badewasser und das Handy in der Fritteuse. Wir möchten die Bedürfnisse des Kindes berücksichtigen, ohne dass dabei die eigenen Bedürfnisse zu kurz kommen. Unsere Erziehungsbemühungen sollen starke, selbstbewusste und gleichsam soziale Kinder hervorbringen, aber keiner verrät uns, wie das konkret funktionieren soll. Dafür hat die Verwandtschaft jede Menge Tipps auf Lager, wenn etwas mit dem Nachwuchs schiefläuft: „Du verwöhnst die Kleine zu sehr!", „Früher hätte es sowas nicht gegeben, da haben Kinder noch gehorcht!", „Eine Ohrfeige hat noch keinem geschadet!" und so weiter. Abgesehen davon, dass eine Ohrfeige schon sehr vielen geschadet hat, glauben die Zaungäste anscheinend, es besser hinbekommen zu haben.

Vergessen sind die Erziehungsunfälle, die den Großeltern passiert sind, als sie selbst Eltern junger Kinder waren. Darüber wird nicht geredet. Und wenn man Oma und Opa danach fragt, war entweder alles ganz anders oder die Gnade des Vergessens setzt ein.

Spätestens, wenn für das „schlechte" Verhalten der Kids bei den Verwandten der Erklärungshammer fällt, das beim Charakter alles genetisch vorbestimmt sei, erscheint das Schicksal der Brut unveränderlich. Während die Forschung lange davon ausging, dass ungefähr die Hälfte der Persönlichkeit von den Genen geprägt wird, schnüren neuere Studien dieses Korsett auf.

Eine genetische Veranlagung für Charaktermerkmale setzt sich nach heutigem Wissen nicht zwangsläufig durch. Auch die Chancen, den genetischen Anteil der Persönlichkeit durch eine gute Bindung in der Familie aufzuwiegen, werden in der Wissenschaft mittlerweile als deutlich vielversprechender bewertet (Stanek 2021).

Umso mehr stellt sich die Frage, wie das Abenteuer Erziehung als Quadratur des Kreises gelingen könnte. Die Schar der Experten wie der Familientherapeut Jesper Juul (2020), der Arzt Wilhelm Rotthaus (2010) und die Fachjournalistin Nora Imlau (2020) wächst, die den Balance-Akt empfehlen, das eine zu tun, ohne das andere zu lassen:

Gerade um die gute Beziehung zum Kind nicht zu gefährden, sollen aus Liebe Grenzen gesetzt werden. Die Heranwachsenden seien noch nicht in der Lage, die Konsequenzen ihres Handelns realistisch einzuschätzen. Sie bräuchten das größere Wissen der Eltern, um Grenzen erkennen und Gefahren meiden zu können.

Der Traum vom „kompetenten Kind" (Juul 2009) geht eher in Erfüllung, wenn wir wahrhaben, welche Kompetenzen – auch durch das Setzen von Grenzen – noch Förderung brauchen.

Nur wer sich intensiv mit seinen eigenen Bedürfnissen und den Bedürfnissen der anderen Familienmitglieder auseinandersetzt, kann mit den anderen einen Konsens finden, bei dem möglichst keiner zu kurz kommt.

Im Folgenden erläutere ich die vier Grundbedürfnisse des Kindes, die Ihnen für die bedürfnisorientierte Erziehung den Hintergrund liefern. Anschließend stelle ich im Rahmen der fünf Erziehungsstile den empfehlenswerten autoritativ-partizipativen Ansatz vor.

Die vier Grundbedürfnisse

Der Psychotherapieforscher Klaus Grawe (2004) ermittelte vier Grundbedürfnisse, die für die gesunde Entwicklung von Kindern und Jugendlichen elementar sind.

Grundbedürfnis nach Bindung

Wie bereits bei der Beschreibung der vier Bindungsstile erwähnt (Kapitel 5), bemüht sich das Neugeborene ab dem ersten Atemzug darum, eine Bindung mit seinen Bezugspersonen herzustellen. Hierzu ist es von Natur aus mit der Kompetenz ausgestattet, seine Bedürfnisse zu signalisieren.

Bei Hunger wird das Baby erst unruhig, dann quengelig, schließlich beginnt es zu schreien. Bei Müdigkeit dreht es sich weg und reibt sich vielleicht die Augen oder Ohren. Fühlt sich der Säugling von Reizen überflutet, quengelt er ebenfalls und wendet den Kopf ab. Überraschendes und schrilles Schreien und ein angespannter Körper zeigen Schmerzen an. Genauso wichtig ist es, die Signale zu erkennen, wenn das Wickelkind spielen möchte oder Körperkontakt, Schutz und Trost sucht.

In den ersten beiden Monaten verhält sich der neue Erdenbürger jedem gegenüber gleich. Erst ab dem dritten Monat kann er eine Person an ihrer Stimme und dem Geruch erkennen und bevorzugen. Zwischen dem siebten und achten Monat identifiziert das Baby seinen Lieblingsmenschen auch am Gesicht. Typisch in dieser Phase ist das Fremdeln. Das heißt, alle fremden Menschen sind nicht erwünscht. Ein gutes Zeichen für eine sichere Bindung.

Die zuverlässige Befriedigung der genannten seelischen und körperlichen Bedürfnisse vor allem im ersten Lebensjahr lässt eine sichere Bindung entstehen. Wird das Baby hingegen missachtet, abgelehnt oder vernachlässigt, wirkt sich das ungünstig auf die Bindungsfähigkeit und die psychische Gesundheit aus.

Grundbedürfnis nach Kontrolle und Orientierung

Ein Kind braucht von der Wiege an verlässliche Nähe, um zu lernen, sich selbst zu behaupten. Das Bedürfnis nach Autonomie wird durch die Möglichkeit gestillt, Dinge eigenständig gestalten und kontrollieren zu können. Nur so erfährt der Heranwachsende Selbstwirksamkeit.

Für die Erziehenden heißt das, den nötigen Spielraum zuzulassen. Die Erkundung der Welt sollte für die Kleinen nicht an der Sorge scheitern, dass Fingerabdrücke die Oberflächen verschandeln könnten. Zudem schränkt es den Forschergeist der jungen Einsteins und künftigen Nobelpreisträgerinnen stark ein, wenn überbehütende Eltern in den Abenteuern ständig Regie führen. Solange Leib und Leben nicht in Gefahr sind und die Rekonstruktion der Wohnung überschaubar bleibt, sollte man seinen Kindern den Freiraum zum Experimentieren ermöglichen.

Neben der Selbstkontrolle verlangen Kinder und Jugendliche auch nach Kontrolle und Orientierung von außen. Deshalb möchte ich Eltern zu Familienregeln, täglichen Routinen und Ritualen ermuntern, um diesem Bedürfnis hinreichend nachzukommen. Nur auf diese Weise wird für die Kids das Verhalten der Großen verständlich und vorhersehbar.

Im Gegenzug verunsichern die Eltern ihren Nachwuchs mit unberechenbaren Reaktionen und einer ständig wechselnden Tagesstruktur.

Grundbedürfnis nach Lustbefriedigung und Unlustvermeidung

Jeder Mensch erlebt sehr subjektiv, was ihm Lust oder Unlust bereitet. Der eine liest mit Vergnügen einen spannenden Roman. Für den anderen wäre das die Höchststrafe. Das Verhalten von Kindern und Jugendlichen orientiert sich vor allem daran, wie viel Spaß ihnen eine Tätigkeit macht.

Gemieden werden dagegen frustrierende Aufgaben wie Zimmer aufräumen oder die Hausaufgaben. Die Eltern stehen vor der Herausforderung, die Frustrationstoleranz bei den kleinen Unlustvermeidern zu fördern, damit sie unliebsame Dinge auch zukünftig erledigen werden. Sonst schleift sich ein Aufschiebeverhalten ein, das weltweit auch bei ca. 66 Prozent der Erwachsenen zu beobachten ist (Leyhausen 2010).

Anstatt eine wichtige Aufgabe anzupacken, flüchtet sich der Aufschieber in Ablenkungen und Ersatzhandlungen. Vor allem die „Pubertiere" reagieren auf die meisten Arbeitsaufträge mit Absagen wie „Hab' keinen Bock!" Die Kunst ist es, Verantwortlichkeiten zu definieren, welche die Frustrationstoleranz nicht überstrapazieren und in kleinen Schritten erweitern. Hilfreich sind hierbei klare Regeln wie zum Beispiel: Nach dem Spielen wird direkt alles wieder weggeräumt.

Beispiel: Und täglich grüßt die Unlust – Tipps für die Hausaufgaben

Bei den Hausaufgaben hat sich eine störungsfreie Lernumgebung bewährt. Handy und sonstige Technik ausschalten, keine Ablenkungen von außen und eine genau definierte Anfangszeit. Die alte Faustregel „Erst die Arbeit, dann das Vergnügen" funktioniert meist immer noch. Die Aussicht, nach den Schulaufgaben zum Beispiel direkt am PC spielen zu dürfen, ist für viele zeitweise leider der einzige Motivator.

Der Soziologe und Lerncoach Ulrich Auer empfiehlt für die Hausaufgaben folgendes Anschiebe-Ritual: Vor dem Arbeiten werden alle Gegenstände, die auf dem Schreibtisch liegen, in speziell dafür bestimmte Kisten gepackt. Privates kommt in die private Schachtel und Schulsachen für andere Fächer in die jeweiligen Fach-Behälter. Mit diesem Ritual wird der Übergang zur Arbeitsphase markiert und der Schüler gewinnt nebenbei noch Platz. Der Tisch ist leergeräumt und darf außer den Schreibutensilien, einem Notizblock und den nötigen Unterlagen nichts mehr aufweisen. Wenn während der „Hausis" ein Gedanke zu privaten Themen auftaucht, wird er einfach auf einen Zettel geschrieben und in die private Kiste geworfen.

Am Ende landen die Schulsachen an ihrem zuständigen Platz und die privaten Gegenstände dürfen wieder den Schreibtisch bevölkern.

Wenn das einsame Hausaufgaben machen zu schwer fällt, empfiehlt es sich, das Kind dabei zu betreuen. Hierzu sollten Sie allerdings ebenfalls auf Ablenkungen verzichten. Allein schon Ihre Anwesenheit kann die innere Unruhe bei ihrer Tochter oder Ihrem Sohn lindern.

Umso vorteilhafter, wenn es Ihnen gelingt, selbst Ruhe auszustrahlen. Ich weiß, wie schwer das manchmal fallen kann. Zudem, wenn man mit der Matheaufgabe überhaupt nicht gerechnet hat:

„Wenn drei in den leeren Bus einsteigen und vier wieder aussteigen und einer wieder einsteigt, ist der Bus dann leer?" Am liebsten würde man vor Wut den Mathelehrer in einen leeren Bus zerren, aus dem gerade zwei Mathelehrer ausgestiegen sind, und ihn fragen, ob er jetzt noch im Bus ist oder in der Psychiatrie …

Grundbedürfnis nach Selbstwerterhöhung und Anerkennung

Der Hunger nach einem positiven Selbstwertgefühl und der Durst nach Anerkennung sind uns angeboren wie das überlebenswichtige Verlangen nach Essen und Trinken. Wenn ein Kind bedingungslos geliebt wird, dann erfährt es stetige Anerkennung, die wie ein guter Dünger das Selbstwertgefühl wachsen und gedeihen lässt. Hingegen ersticken willkürliche Ablehnung, Abwertung und Gewalt die positive Selbsteinschätzung des Sprösslings im Keim.

Die Folge sind tief verwurzelte Minderwertigkeitsgefühle. Selbst bei Erwachsenen sollte jede Kritik des Partners mit fünf Komplimenten ausgeglichen werden, um die Beziehung und das Selbstwertgefühl nicht zu belasten (Gottmann 2014). Umso mehr gilt die 5 : 1-Regel für die zart besaitete Kinderseele. Wenn Sie es schaffen, ihre Kinder weitaus mehr zu loben als zu tadeln, bereiten Sie ihnen den besten Boden, um selbstbewusst und stark zu werden.

Die fünf Erziehungsstile

Der Erziehungswissenschaftler Klaus Hurrelmann (2003) fächert fünf Erziehungsstile auf. Der jeweilige Stil wird davon bestimmt, in welcher Mischung das Kind einerseits gelenkt und kontrolliert wird und andererseits Wertschätzung erfährt.

Autoritärer Erziehungsstil

Bei hochgradiger Lenkung und Kontrolle sowie niedriger Wertschätzung gerät die Erziehung „autoritär". Im Filmklassiker „Die Feuerzangenbowle" (1944), in dem ein berühmter Schriftsteller sich als Schüler verkleidet und noch einmal die Oberstufe besucht, vergleicht der gefürchtete Lehrer Dr. Brett seinen autoritären Erziehungsstil mit der Vorgehensweise eines strengen Gärtners:

„Junge Bäume, die wachsen wollen, muss man anbinden, dass sie schön gerade wachsen, nicht nach allen Seiten ausschlagen und genauso ist es mit den jungen Menschen. Disziplin muss das Band sein, das sie bindet, zu schönem geraden Wachstum."

Ein jüngeres Beispiel für autoritäre Führung gibt in der Netflix-Serie „Haus des Geldes" (seit 2017), „Palermo", der Anführer einer Bande von Bankräubern. Er unterwirft die Angestellten zu willfährigen Geiseln, indem er auf die kleinste Regung von Ungehorsam mit äußerster Gewalt reagiert.

Beim autoritären Erziehungsstil trifft der Erziehende alle Entscheidungen allein. Wie ein japanischer Gärtner, der einen Bonsai am freien Wachstum hindert und nach seinem Willen formt und kleinhält. Die Zöglinge dürfen nicht mitbestimmen, nur gehorchen. Wer nicht spurt, wird hart bestraft, auch mit körperlicher Gewalt. Das Wohlverhalten wird ausschließlich durch Furcht vor Strafen erzielt und basiert nicht auf einer einfühlsamen und wertschätzenden Beziehung.

Der Sozialpsychologe Kurt Lewin (1980) wies bereits in den 1930er Jahren nach, dass der autoritäre Erziehungsstil die Entwicklung der Persönlichkeit stark einschränkt. Die Untergebenen passen ihr Verhalten aus Angst den strikten äußeren Vorgaben an, anstatt ihre Talente und Entwicklungspotentiale von innen heraus zu entfalten. Der Irrtum des autoritären Ansatzes: Der Erwachsene hätte ausgelernt und das Kind sei ein unbeschriebenes Blatt.

Aussichtsreicher ist die Annahme, dass sich auch der Erwachsene in einem lebenslangen Lernprozess befindet. Jede Entwicklungsstufe (Baby, Kleinkind, Schulkind etc.) verlangt dem Erziehenden neue Fähigkeiten ab. Eltern können die nötigen pädagogischen Kompetenzen nach und nach im Austausch mit ihren Kindern entwickeln und an ihren Aufgaben wachsen.

Permissiver Erziehungsstil (Laissez-faire)

Sind die Lenkung und Kontrolle gering sowie die Wertschätzung groß, ergibt sich der permissive Erziehungsstil, auch Laissez-faire genannt („Lassen Sie machen, lassen Sie laufen").

In dem Film „Die Feuerzangenbowle" gibt es auch den antiautoritären Lehrer Professor Bömmel, ein grandioser Laissez-faire-Typ. Er zieht sich im Unterricht die Schuhe aus, um der Klasse die Funktion der Dampfmaschine zu illustrieren. Keiner hört ihm zu, die Schüler vertreiben sich heimlich die Zeit mit Brettspielen, Briefmarken tauschen oder schlafen. Einer der Pennäler schnappt sich unbemerkt Bömmels Stiefelette und lässt sie verschwinden. Als der leutselige Pädagoge am Ende der Stunde darum bittet, den Schuh wiederzubekommen, lassen ihn die Lausebengel auflaufen: „Herr Professor, wir müssen uns das verbitten. Wir stehlen keine Schuhe." Statt sich durchzusetzen, bettelt er weiter: „Ihr kriegt auch keine Strafe! Zur Belohnung gebe ich euch auch nichts auf." Auch diese Strategie lässt ihn weiterhin auf einer Ringelsocke schmoren.

Die Situation wird aufgelöst, indem Bömmel einfach wartet, bis der autoritäre Kollege Dr. Brett den folgenden Unterricht beginnt. Sofort springt der Dieb auf und hilft dem Professor, den entwendeten Schuh wieder anzuziehen.

Alle Kennzeichen des permissiven Erziehungsstils kondensieren in dieser Unterrichtsszene. Der Erzieher setzt keine Grenzen und macht sich zum Gespött der Klasse. Seine hohe Wertschätzung für die Jugendlichen wird nicht erwidert, sondern mit Respektlosigkeit quittiert.

Besonders bekannt wurde auch eine andere Kunstfigur, deren Erziehung man bis heute getrost als Sinnbild des Laissez-faire-Stils bezeichnen kann: Pippi Langstrumpf. Astrid Lindgren (2020) erzählt von einem neunjährigen Mädchen, das völlig ohne Erzieher allein mit einem Äffchen und einem Pferd glückselig in ihrer Villa Kunterbunt lebt. Nebenbei ist sie das stärkste Mädchen der Welt und finanziell abgesichert: Das Geld fließt aus dem unerschöpflichen Seeräuberschatz ihres Vaters, der in weiter Ferne die Weltmeere unsicher macht. Pippi darf immer machen, was sie will und gedeiht in dem märchenhaften Kinderbuch prächtig.

Eltern, die im Sinne des Laissez-faire erziehen, akzeptieren und tolerieren weitgehend das Verhalten des Kindes und sanktionieren unerwünschtes Benehmen nicht. Kurt Lewin attestierte diesem Ansatz folgende Auswirkungen auf Mädchen und Jungen: Planloses und wenig zielstrebiges Lernen, Vorschläge werden nicht umgesetzt, Gruppen reagieren enttäuscht und gereizt und es entstehen nur instabile Beziehungen untereinander (Jungbauer 2017). Zudem wird das Grundbedürfnis nach Kontrolle und Orientierung mit dem permissiven Erziehungsstil nicht befriedigt.

Überbehütender Erziehungsstil

Nehmen die Lenkung und Kontrolle vor lauter Sorge ums Kind überhand, kommt es zum überbehütenden Erziehungsstil. Sogenannte „Helikopter-Eltern" pflegen diese Panik-Pädagogik. Sie kreisen wie Hubschrauber über ihren Schützlingen und greifen bei der kleinsten Andeutung einer Gefahr ein.

Eine besorgte „Heli-Mum" rief in der Kita an, man möge bitte für die Prinzessin die Toilettenbrille vorwärmen. Sie hätte das letzte

Mal so gefroren. Andere fuhren schon dem Schulbus hinterher, um die sichere Ankunft des Prinzen zu kontrollieren. Ein „Heli-Daddy" raste mit Vollgas in die Notaufnahme, weil die achtjährige Berta-Cheyenne einen kleinen Eiswürfel gegessen hatte.

Angetrieben von der Angst, es könnte etwas suboptimal verlaufen, nehmen die „Helis" ihrem Augenstern fast alle Entscheidungen, Verantwortlichkeiten und Handlungen ab. Gemessen am Grundbedürfnis nach Selbstregulation und eigenständiger Orientierung verhindert diese Erziehungsform, dass die Behüteten Selbstwirksamkeit erleben und sich selbst bewähren. Eine neuere Studie weist nach, wie nachteilig sich die überfürsorgliche Betreuung auf die Entwicklung der Kinder auswirken kann (Perry u. a. 2018).

Die Testpersonen, die mit zwei Jahren überbehütet wurden, hatten schon mit fünf größere Schwierigkeiten, ihre Gefühle und impulsiven Reaktionen zu regulieren. Das ging später einher mit Schulproblemen. Die Lehrer erlebten sie als weniger sozial kompetent. Im Alter von zehn brachten sie schlechtere schulische Leistungen als Gleichaltrige, die keine Helikopter-Eltern hatten.

Perry plädiert dafür, dass Eltern ihren Kindern durch Gespräche dabei helfen, ihre Gefühle und impulsiven Verhaltensweisen besser zu steuern. Die Frustrationstoleranz könnte deshalb besonders niedrig sein, weil sie von Geburt an vor Frustrationen beschützt wurden. Es ist hilfreich, altersgerecht mit ihnen darüber zu reden, wie negative Gefühle entstehen und mit welchen Strategien man mit Emotionen umgehen kann, ohne gleich unkontrolliert zu reagieren. Dabei unterstützen positive Bewältigungskonzepte wie Atemübungen, Musikhören, Malen oder sich an einen ruhigen Ort zurückzuziehen.

Vernachlässigender Erziehungsstil

Fehlen sowohl die Lenkung und Kontrolle als auch die Wertschätzung, erleidet das Kind den vernachlässigenden Erziehungsstil. Bereits der Säugling hat unter diesen Umständen kaum die Möglichkeit, auf seine Bedürfnisse aufmerksam zu machen. Statt der lebensnotwendigen emotionalen Zuwendung, erfährt das Baby Ablehnung und Desinteresse. Auch die nötige Körperpflege und die Versorgung mit Nahrung sind unzureichend. Die Vernachlässigung setzt sich bei diesem Erziehungsstil in der weiteren Kindheit fort.

Ein Grund dafür können psychische Probleme bei den Eltern sein. So fühlen sich zum Beispiel Elternteile, die unter einer unbehandelten Depression leiden, mit der Situation überfordert. Sie sind meist nicht in der Lage, ihrer Rolle und Verantwortung gerecht zu werden.

Auch wenn die Eltern abhängig Suchtmittel konsumieren, kann die Betreuung leiden und zu einem dauerhaften Bruch in der Eltern-Kind-Beziehung führen. Viele vernachlässigte Mädchen und Jungen fallen durch zurückgezogenes, ängstliches oder trauriges Verhalten auf. Faktoren wie Armut und das soziale Umfeld sind mit den Ursachen für den vernachlässigenden Erziehungsstil ebenfalls eng verknüpft.

Autoritativ-partizipierender Erziehungsstil

Die Lenkung und Kontrolle bewegen sich hier in der goldenen Mitte zwischen den extremen Ausprägungen autoritär und laissez-faire. Die Wertschätzung der Erziehenden liegt im positiven Feld.

So ist es den Eltern möglich, für das Kind klare Regeln aufzustellen, ohne die wertschätzende Beziehung zu gefährden. Wird eine Regel verletzt, folgen keine drakonischen Strafen, sondern eine sachliche Auseinandersetzung, bei der die Bedürfnisse und

Meinungen aller Beteiligten respektiert und diskutiert werden. Die Eltern sind bemüht, Konflikte im Konsens zu lösen. Hurrelmann geht davon aus, dass der autoritativ-partizipierende Erziehungsstil den Heranwachsenden die meisten Chancen für eine sichere Bindung bietet (Jungbauer 2017). Kinder mit sicherer Bindung zeigen weniger Ängste. Sie können besser mit Stress umgehen und verfügen über deutlich mehr sozial-emotionale Kompetenzen (Lebowitz u. a. 2016 und Tops u. a. 2007).

Auch der populäre „bindungs- beziehungsweise bedürfnisorientierte Erziehungsstil" fällt in diese Kategorie. Wie können Sie sich die Anwendung in der Praxis vorstellen?

Sie bemühen sich als Eltern, die Bedürfnisse Ihres Kindes möglichst in jeder Situation zu erkennen und so weit wie möglich darauf einzugehen. Das heißt nicht, dass Sie jedem Bedürfnis wie beim Laissez-faire-Stil bedingungslos nachgeben. Ein Kind muss vor Gefahren geschützt werden. Wenn es zum Beispiel ungebremst auf eine befahrene Straße rollert, sollte es beherzt festgehalten werden. Da gibt es nichts zu diskutieren. Wenn sich die Situation wieder entspannt hat, können Sie dem Rollerpiloten Ihre zupackende Notbremse in Ruhe erklären.

Ein anderes Szenario: Ihr dreijähriges Kind wirft sich auf der Straße wütend auf den Boden und tobt, weil es mit dem neuen Roller nicht klarkommt. In diesem Alter ist das Bedürfnis nach Selbstbestimmung besonders groß. Was abwertend als „Trotzphase" etikettiert wird, ist ein wichtiger Schritt in der emotionalen Entwicklung. Der eigene Wille ist endlich erwacht, aber das Wollen passt noch nicht zum Können. Das führt zu einer Menge Traurigkeit und Verzweiflung. Was nach außen wie blinde Wut aussieht, signalisiert in Wirklichkeit eine kleine Seele in Not. Das Kind braucht jetzt keine autoritäre Ansage oder Strafandrohung, sondern Zuwendung und Hilfe.

Ich weiß, das schreibt sich so leicht. Was würde in diesem Moment in Ihrem Kopf vorgehen? Die Passanten schauen genervt und laufen im Slalom um das wütende Bündel Elend. Bestimmt denken die Schaulustigen, „pack' dein Gör an den Ohren, damit der Gehweg wieder frei wird." Lassen Sie die Gedanken anderer bei den anderen und nehmen Sie die Schreiattacke nicht persönlich. Schließlich hat Ihr Kind auch aufgrund der hirnorganischen Entwicklungsstufe keine andere Wahl, als seinen Frust herauszuschreien. Jetzt braucht es Trost und körperliche Nähe. Sicher erinnern Sie sich an genügend Pleiten, Pech und Pannen, bei denen bei Ihnen auch die Nerven blank lagen, weil nichts funktioniert hat. Vor dem Hintergrund solcher Erfahrungen fühlen Sie sich besonders gut in den kleinen Wüterich ein.

Wenn der Zorn dank Ihrer verständnisvollen Hilfe verraucht ist, helfen Sie Ihrem Kind dabei, seine Gefühle zu benennen und Bewältigungsstrategien aufzuzeigen: „Du ärgerst dich bestimmt, dass dir der Roller immer wegrutscht, oder? Das kann ich gut verstehen! Weißt du, was ich immer mache, wenn ich mich ärgere? Ich stampfe mit dem Fuß auf und sage, so ein Mist!"

Viele Missverständnisse entstehen, wenn es beim bedürfnisorientierten Erziehungsstil um die „vernünftigen Regeln und Grenzen" geht. Worin besteht hier der Unterschied zum autoritären Ansatz? Die roten Linien sollen das Bedürfnis nach Kontrolle und Orientierung des Kindes befriedigen und nicht die einseitigen Interessen von autoritären Zuchtmeistern. Ein Grenzverstoß bedeutet nichts anderes als einen Konflikt, der wie alle Konflikte behandelt werden kann. Die Ausgangsfrage lautet: Welches Bedürfnis verbirgt sich hinter der konflikthaften Verhaltensweise?

In Frage kommen zum Beispiel der Wunsch nach Aufmerksamkeit oder Gerechtigkeit, weil die älteren Geschwister sich nicht an eine Einschränkung halten müssen. Es macht einen großen Unterschied, dem Kind den Sinn von Grenzen und Regeln zu erklären und gemeinsam nach Alternativen zu suchen, wie das Bedürfnis auf andere Weise befriedigt werden könnte. Eine sinnvolle Regel ist zum

Beispiel: „Niemand wird gehauen, geschlagen, gebissen." Auch wenn der Trotzkopf im Eifer des Gefechts nicht für die Erklärung dieser Regel empfänglich ist, sollte sie dennoch konsequent durchgesetzt werden. Sobald sich die Wogen geglättet haben, gehen Sie dem dahinter liegenden Bedürfnis auf den Grund und helfen wieder, Lösungsstrategien zu entwickeln.

Ich weiß, dass dieser Ansatz sehr viel Zeit, Geduld und Nerven kostet. Vor allem, wenn das eigene Nervenkostüm schon durchgewetzt ist. Es ist vollkommen menschlich, dass Ihr Geduldsfaden auch mal reißt und Sie alle Erziehungsansprüche in den Wind schlagen.

Das macht nichts, schließlich besteht die Möglichkeit, sich hinterher bei seinem kleinen Quälgeist zu entschuldigen. Viel tragfähiger ist eine bindungsorientierte Haltung, die Sie Ihrem Kind gegenüber zuverlässig einnehmen können:

• Ich verschaffe mir Klarheit über meine Bedürfnisse. Ich teile sie dir mit und erkläre dir, wann ich für mich sorgen muss. Sonst gehen mir die Kräfte aus und ich hätte dann keine Kraft mehr für dich.
• Ich nehme deinen Willen und deine Bedürfnisse ernst.
• Ich gehe bedingungslos wertschätzend, liebevoll und respektvoll mit dir um.
• Ich trenne zwischen meiner Elternrolle und deiner Rolle als Kind: Ich bin ganz klar für deine leibliche und emotionale Versorgung sowie für deinen Schutz verantwortlich.
• Ich unterstütze dich, eigene Strategien zur Problemlösung zu entwickeln, indem ich dir die Lösung nicht vorgebe, sondern nach deinen Ideen frage.
• Ich fördere deine Selbständigkeit, indem ich dir altersgemäße Aufgaben und Verantwortlichkeiten zutraue und übertrage (zum Beispiel Ranzen packen). Ich helfe dir, es auf Dauer allein zu schaffen.

Es ist eine beachtliche Leistung, sich in die Welt seines Kindes einzufühlen, die Bedürfnisse hinter dem Verhalten zu entschlüsseln und seine eigenen Bedürfnisse ernst zu nehmen, ohne dass dabei die Partnerschaft auf der Strecke bleibt. Die mühsame Balance gerät in Schieflage, sobald ein Geschwisterkind hinzukommt. Die Gewichte im Familiensystem verschieben sich. Das erste Kind verliert die ungeteilte Aufmerksamkeit, dafür öffnet sich für den Vater die Möglichkeit, die Beziehung zum Erstgeborenen zu intensivieren, weil die Mutter viel Zeit mit dem Neugeborenen verbringt. Das folgende Kapitel beschäftigt sich mit den Besonderheiten, welche Geschwister als „angeborene Geschenke" mit sich bringen.

Kapitel 8

Das Ende der Dreisamkeit – Wer Geschwister hat, braucht keine Feinde

Geschwister sind angeborene Geschenke

Geschwister verbringen die prägenden Jahre ihres Lebens miteinander und stehen in der Zeit oft in enger Beziehung. Gemeinsam werden die elementaren sozialen Umgangsformen erprobt und erlernt: helfen, verhandeln, teilen, Verantwortung übernehmen und streiten. Das gilt auch für die ersten Erfahrungen mit intensiven Gefühlen wie Liebe, Rivalität, Eifersucht, Wut, Neid, Freude, Angst und Schmerz (Funcke u. a. 2020).

Geschwister wachsen zwar unter vergleichbaren Rahmenbedingungen auf, gehören derselben sozialen Schicht an und teilen sich in der Regel die gleichen Eltern, dennoch lebt jeder in seiner eigenen Mikrowelt (Gloger-Tippelt 2007).

Jedes Kind kämpft auf seine Art um die Anerkennung der Eltern und möchte seine Chancen verbessern. Da ist es oft hilfreich, den Bruder oder die Schwester bei Mama oder Papa anzuschwärzen. Gemeinsamkeiten erleben sie eher als trennend (Ochs u. a. 2017). Jeder möchte sich vom „Rudel" abheben und entwickelt ganz eigene Talente.

Ich habe selbst vier Geschwister und betonte als Jugendlicher gern, dass wir so unterschiedlich seien wie fünf Einzelkinder. Mein großer Bruder ist Weltmeister im Sport, mein kleiner Bruder ein international bekannter Musiker. Eine Schwester glänzt als Künstlerin, die andere als alternative Pädagogin. Da die anderen Talente schon besetzt waren, verlegte ich mich aufs Schreiben.

Seinen Geschwistern bleibt man zeitlebens verbunden, selbst, wenn die Verbindung abreißt. Sie bleiben fortwährend die Portalfiguren der eigenen Identität.

Die Vertreibung vom Thron

Jetzt könnte man meinen, das zweite Kind wird für Sie ein Heimspiel. Schließlich profitieren Sie von den umfangreichen Erfahrungen, die Sie seit der ersten Schwangerschaft gemacht haben. Aber der Wechsel auf die Vierer-Kombination bringt noch größere Umstellungen mit als beim ersten Mal. Das Erstgeborene fühlt sich vom Thron gestoßen und kämpft mit allen Mitteln um die bisherige Aufmerksamkeit. Die Reaktionen reichen von Aggressionen über Rückzug bis hin zu rückschrittlichen Verhaltensweisen. Vielleicht macht Ihr Großes wieder in die Hosen, isst nicht mehr eigenständig oder kann abends nicht allein einschlafen. Zudem müssen Sie das Neugeborene vor möglichen Attacken des älteren Geschwisterkindes schützen. Neben der Versorgung des Säuglings gilt es, die aufwändige Beziehungsarbeit mit der älteren Schwester beziehungsweise dem älteren Brüderchen zu leisten. Es lohnt sich, das erste Kind frühzeitig auf seine neue Rolle im verschobenen Familiengefüge vorzubereiten.

Welche Vorteile hat es, die oder der Große zu sein? Welche Aufgaben können bei der Pflege des Babys übernommen werden? Wie zeige ich meinem Ältesten regelmäßig, dass ich nach wie vor die gleiche feste Bindung aufrechterhalte? Dass es sich immer auf mich verlassen kann? Fühlen Sie sich so gut es geht in die Situation des Entthronten ein. Wie würde es Ihnen gehen, wenn Sie von heute auf morgen nicht mehr im Mittelpunkt stehen würden und vor Ihren Augen alle um Ihren Thronfolger herumtanzen? Es reicht vor allem in der Schockphase nicht, an die Vernunft zu appellieren: „Du bist doch schon groß! Du musst jetzt Rücksicht nehmen! Stell' dich nicht so an, du bist doch kein Baby mehr!" Die seelische Wunde kann auf diese Art nicht versorgt werden. Das Einzige, was hilft, sind zuverlässige Zuwendung, Trost und aufrichtiges Verständnis.

Konflikte unter Geschwistern

Und wieder ist es eine Erzählung, die uns schon im Alten Testament einen Crash-Kurs in Familiendynamik unter Geschwistern gibt. Kain und Abel, die Söhne von Adam und Eva, buhlen um die Gunst des Vaters. Das ist in diesem Fall nicht Adam, sondern der Übervater Gott.

Kain, der Älteste, arbeitet als Bauer. Abel hütet Schafe. Beide sind mit ihrem Job hochzufrieden. Sie möchten sich dafür bei ihrem Vater mit einem Opfer aus eigener Herstellung bedanken. Kain legt Feldfrüchte auf den Altar und Abel ein paar „schweigende Lämmer". Gott akzeptiert Abels Huftiere, verschmäht aber Kains Ackergold.

In Kain entbrennt die Wut. Seine Erklärung der Zurückweisung: Papa liebt Abel mehr als mich, wenn er mich überhaupt liebt. Der himmlische Vater merkt an der Mimik sofort, was sich da im Erstgeborenen an Affekten zusammenbraut und erläutert seine pädagogische Absicht. „Würdest du das Gute im Herzen tragen, anstatt immer nur an dich zu denken ..."

Kains Bewertung der Beobachtung: Was für eine himmelschreiende Ungerechtigkeit! Mein kleiner Bruder hat meinen Platz als Lieblingskind eingenommen. Für mich bleibt nur noch die Rolle des Sündenbocks!

Kain reagiert wie in jedem Vorabendkrimi und sagt zu Abel: „Komm', lass' uns aufs Feld gehen." Kaum angekommen, erschlägt er seinen kleinen Bruder und ist wieder Einzelkind.

Zur Strafe wird er vom Vater verstoßen und bekommt Berufsverbot: kein Acker soll mehr unter seinen Händen gedeihen. Kain erkennt das Ausmaß der väterlichen Sanktion und stellt die Prognose: „Unter diesen Voraussetzungen schlägt mich der Nächstbeste tot." Die Antwort des Vaters: „Um Gottes Willen, damit es nicht so weit kommt, schreibe ich dir auf die Stirn: Erschlagen verboten." Immerhin gelingt es Kain durch diesen „Schutzbrief" als Heimatloser in den Städtebau einzusteigen und sich eine neue Existenz aufzubauen.

Der klassische Bruder-Konflikt zwischen Kain und Abel wird mit Gewalt gelöst, was zum Glück heute als „ganz schlechte Lösung gilt (Hildenbrand 2020)".

An den Herausforderungen für die Eltern hat sich seit der Vertreibung aus dem Paradies nichts geändert. Das erste Kind kämpft darum, dass in der Familie die Balance wieder hergestellt wird, wenn das zweite Kind die Bühne betritt. Kain fühlt sich zurückgesetzt und als schwer erziehbares Problemkind stigmatisiert. Die Einteilung von Geschwister-Paaren in das „böse Kind" und das „gute Kind" kennen wir auch aus Märchen wie „Goldmarie und Pechmarie". In der Funktion des Sündenbocks hilft das „Problemkind" der Familie, von anderen Problemen abzulenken. Die Wahrnehmung fokussiert sich auf das erwartete Fehlverhalten des Störenfrieds.

Jede seiner Verhaltensweisen wird nach dem Sündenbock-Schema bewertet. So rücken die Aktionen der anderen Familienmitglieder aus dem Blickfeld. Das etikettierte Kind chronifiziert das schlechte Benehmen, um wenigstens noch negative Aufmerksamkeit zu bekommen. Es erfüllt die Erwartungen, die an seine Rolle gestellt werden (Simon u. a. 2004). Mit der Zeit ist im Kind drin, was auf dem Etikett draufsteht.

Geschwister zu managen heißt, Beziehungen zu managen. Am meisten Einfluss haben Sie auf Ihre eigene Beziehung zum jeweiligen Kind. Reservieren Sie sich für Ihre Tochter oder Ihren Sohn möglichst gleichviel persönliche Zeit, in der Sie unter vier Augen präsent sind. Bleiben Sie in Kontakt, auch wenn es nach außen manchmal so scheint, dass kein Kontakt erwünscht ist. Finden Sie heraus, mit welchen gemeinsamen Unternehmungen Sie die jeweilige Beziehung am besten pflegen können. Das muss nichts Außergewöhnliches sein. Es ist schon sensationell genug, wenn sich Ihr Kind von Ihnen aufrichtig gesehen fühlt. Dazu reicht oft eine exklusive Zeit zum Spielen oder zum gemeinsamen Filmschauen, sich mal in Ruhe zu unterhalten und viele Fragen zu stellen.

Aus Sicht der Eltern soll die Familie gerne eine harmonische Einheit bilden, in der man am besten alles zusammen macht. Natürlich gehören solche magischen Momente, geborgen in der Gemeinschaft, auch dazu.

Das Geschwisterkind empfindet solche Glücks-Arrangements allerdings schnell als familiären Einheitsbrei mit Harmoniesauce, weil es als Individuum und nicht als „Herdentier" wahrgenommen werden möchte. Die Forschung bestätigt zudem, dass sich Geschwister in der Kindheit enger aneinanderbinden, wenn sie eine sichere Bindung zur Hauptbezugsperson haben (Schmidt 2020).

Bei den unvermeidbaren Konflikten unter den Geschwistern empfiehlt der bedürfnisorientierte Erziehungsstil, dass Sie die Differenzen moderieren und das eigenständige Entwickeln von Lösungen fördern. Meist stürmt ein erzürntes Kind auf Sie zu und fordert Sie auf, für Gerechtigkeit zu sorgen, weil die Schwester oder der Bruder etwas Unverzeihliches getan haben soll: „Max hat die ganze Schokolade allein gegessen und mir nichts davon abgegeben! Nele hat mich geschlagen! Lobo lässt mich beim Lego nicht mitspielen etc.!"

Am liebsten solle der Beschuldigte sofort zur Rechenschaft gezogen werden und seine gerechte Strafe erhalten. Wir werden aufgefordert, Detektiv zu spielen, wer hat wann, wem, was weggenommen und so fort. Das ist ein müßiger Auftrag, denn die Spurenlage ist mau, die Zeugen sind befangen und die Erfolgsaussichten düster.

Wie stehen die Chancen, wenn wir uns als Bedürfnis-Detektive verstehen?

Wir zeigen jedem Streithahn unser Verständnis für die jeweilige Bedürfnislage: „Du ärgerst dich, weil Lobo dich nicht mit dem Lego spielen lässt. Das kann ich verstehen. Und Lobo, du bist sauer, dass deine Schwester mitspielen will, obwohl du allein bauen möchtest. Kann ich auch gut verstehen. Und was machen wir jetzt?"

Nun schlagen die Zerstrittenen selbst Lösungen vor und lernen, Konflikte eigenständig und vor allem friedlich zu lösen. Die Wissenschaftsjournalistin Nicola Schmidt (2020) untermauert den Erfolg der bedürfnisorientierten Streitschlichtung mit eindeutigen Forschungsergebnissen und warnt vor einseitigen Sanktionen: Von der Bestrafung eines schuldig gesprochenen Geschwisterkindes ist dringend abzuraten, weil es die Aggressionen und Racheakte nachweislich anstachelt und sich der Bestrafte ungerecht behandelt fühlt.

Kapitel 9

Der Bär auf dem Motorrad – Aspekte des systemischen Denkens

Der Roman „Das Hotel New Hampshire" von John Irving (1998) liefert eine Steilvorlage, um typische Aspekte von Familiensystemen zu veranschaulichen. Erzählt wird die Geschichte der amerikanischen Familie Berry. Die Eltern, Winslow (Win) und Mary, jobben mit 19 im selben Ferienhotel als Servicekräfte, wo sie sich näher kennen und lieben lernen. Dort stiftet ein dressierter Bär mit seinem Motorrad ständig Chaos. Das Tier gehört dem Zirkus-Dompteur Freud aus Wien. Als Freud nach Wien zurückkehren will, kauft Win ihm den Bären ab, der wie ein Familienmitglied aufgenommen wird. Kurz darauf heiraten Mary und Win und bekommen fünf Kinder.

Alles weitere, was in den nächsten Jahrzehnten in der Familie passiert, ist bereits in der bärigen Liebesromanze der Eltern angelegt.

Seit dem Ferienjob im Hotel träumt Win von seinem eigenen Hotel. Die Familie eröffnet schon bald ihr erstes Gästehaus. Freud meldet sich eines Tages wieder und möchte in Wien mit einem Hotel groß rauskommen. Sofort steigen die Berrys in das Projekt ein.

Aber alles geht schief. Mutter Mary und das jüngste Kind verunglücken tödlich auf dem Flug nach Wien. Das Hotel von Freud entwickelt sich nicht wie erhofft, die Kinder sind unglücklich und der

Vater verliert bei einem Attentat das Augenlicht. Win kehrt mit den noch lebenden Kindern in die USA zurück. Nach einem längeren Aufenthalt in New York, der durch den schriftstellerischen Erfolg der kleinwüchsigen Tochter finanziell abgesichert ist, kaufen die Kinder dem Vater zuliebe das Hotel New Hampshire, in dem die Eltern sich kennengelernt haben, um es nach seinen Wünschen zum Luxushotel auszubauen.

Der erblindete Win merkt nicht, dass diese vermeintliche Nobelherberge in Wirklichkeit nur ein Mittelklasse-Hotel ist, das leer steht. Die angeblich zahlungskräftigen Gäste werden von Freunden der Kinder gespielt, um den Vater im Glauben zu lassen, sein Lebenstraum hätte sich am Ende tatsächlich noch erfüllt.

Lassen Sie mich die systemischen Aspekte der Familiendynamik bei den Berrys nun im Einzelnen beleuchten.

Der Liebesmythos der Eltern

„Er war zu alt, um noch ein Bär zu sein", mit diesen weihevollen Worten beginnt Vater Win Berry jedes Mal die Geschichte, wie er als Teenager Mutter Mary kennengelernt hat in dem Hotel, wo der dressierte Bär Motorrad fuhr. Die fünf Kinder lieben diese Story und können von den vielen Versionen nicht genug bekommen. Wenn ihnen eine pikante Stelle fehlt oder die Version zu sehr von anderen Varianten abweicht, pochen sie auf ihr Recht, die „vollständige" Vergangenheit ihrer Eltern zu hören. Empört wehrt der Vater ab: „In eurer Vorstellung ist meine Geschichte lebendiger als in meiner Erinnerung!" Dann muss die Mutter als Zeugin aussagen, wie es denn nun „wirklich" war. Mary betont, dass es damals viel prüder zuging als heute und weigert sich, intimere Details preiszugeben.

Die Kinder erfahren aus den Erzählungen von Win, was Liebe sein könnte und wie man eine Beziehung anfängt. Dabei werden die Unterschiede zu den Moralvorstellungen der Jugendzeit von Win und Mary deutlich. Aha, früher durfte man sich nicht so einfach küssen und so weiter. Und schon gar nicht in der Öffentlichkeit. Irgendwas scheint mit der Vergangenheit nicht zu stimmen. Jedes Mal wird sie neu erzählt. Wenn man sie zu fassen bekommen will, könnte man auch versuchen, einen Pudding an die Wand zu nageln. Wie es „wirklich" war, lässt sich nicht ermitteln.

Vater Win schnürt die Erzählfäden immer wieder zu einem anderen Erzählstrang zusammen. So spielt er mit der Identität, dem Herkunftsmythos der Familie. Wo kommen wir her? Was geschah, bevor wir auf der Welt waren? Wann und wie wurde die Grenze gezogen zwischen unserem Stamm und dem Rest der Welt? Und wer gehört überhaupt zum Stammbaum?

Der Liebesmythos hat auch eine wichtige Funktion für die Eltern. Win und Mary beschwören mit ihrer Kennenlerngeschichte die guten Geister der ersten Verliebtheit wieder herauf. Wie haben wir uns damals gefühlt? Was haben wir am anderen gemocht? Welche schönen Dinge haben wir getan, die wir schon lange nicht mehr getan haben?

In der systemischen Paartherapie wird mit solchen Fragen der Liebesmythos erforscht, wenn die Liebe plötzlich abhandenkam. Beim Erzählen der Kennenlerngeschichte hellen sich die Gesichter auf. Auf einmal lachen sie gemeinsam und kichern über die Kapriolen der Anfangszeit. Mit der Liebesgeschichte werden versunkene Schätze gehoben und als Ressource nutzbar gemacht.

Die Abgrenzung zwischen Innen und Außen – Wer gehört zur Familie?

Interessanterweise gilt bei den Berrys der Bär, den Win dem Dompteur Freud abgekauft hat, als vollwertiges Familienmitglied. Ein überzeugendes Beispiel, dass die Zugehörigkeit zur Familie nur im

Auge des Betrachters liegt und nicht von der Blutsverwandtschaft abhängt. Ich würde sofort und ohne Ironie unterschreiben, dass unser Hund zu den führenden Familienmitgliedern zählt. Im juristischen Sinne sind noch nicht einmal Ehepartner miteinander verwandt, weil sie weder voneinander abstammen noch gemeinsame Vorfahren haben. Sie müssen sich mit dem Begriff „Angehörige" begnügen.

Familie ist immer nur das, was ein Beobachter als Familie definiert. Besonders überzeugend formuliert dies ein Werbetext für Schokolade, die sich anfühlen soll wie der persönliche Traum von Familie:

„Familie ist alles. Und alles kann Familie sein. Es sind die Menschen, die so ticken wie du. Die dich so nehmen wie du bist. Die, mit denen du alles teilst. Alles, was du liebst. Und wer das für dich ist, sagt dir dein Herz. Toffifee. So fühlt sich Familie an." (Toffifee 2019)

Alles kann Familie sein. Tatsächlich hat die traditionelle Vorstellung von Familie mit heterosexuellen Eltern und leiblichen Kindern schon lange ausgedient. Regenbogenkonstellationen mit homosexuellen, bisexuellen oder diversen Eltern, Patchworkfamilien mit Bonuskindern, Zusatzmüttern und -vätern, Pflege- sowie Adoptiv-Varianten bilden längst die vielfältigen Formen von Familie ab. Unabhängig davon, wie sich Menschen als Lebensgemeinschaft zusammenwürfeln und vom Gesetzgeber behandelt werden, bilden alle auf ihre Art gleichwertige soziale Systeme. Ein soziales System muss sich von der Umwelt abgrenzen. Die Familie steckt für sich einen imaginären Raum ab, der bestimmt, wer zu diesem Raum gehört, wer als Gast das Revier betreten darf und wer draußen bleiben soll. Obwohl diese Grenze nur durch Kommunikation gezogen werden kann, wird von den Betroffenen häufig nicht darüber gesprochen.

Spätestens, wenn die Vorstellungen von der gemeinsamen Familiengrenze zu weit auseinandergehen, melden sich die „Grenzposten" zu Wort. Ein Beispiel: Darf die Mutter nach der

Scheidung wie früher mit ihren Kindern bei den Ex-Schwiegereltern Weihnachten feiern? Der Vater ist dagegen, die Kinder wollen es der Mutter nicht abschlagen und die Ex-Schwiegereltern trauen sich nicht, nein zu sagen. In der hitzigen Diskussion unter den Verwandten empört sich das eine Lager, „sie gehört doch zur Familie!" und die Gegenfront wettert, „Nein, gehört sie nicht mehr!!".

Das Beispiel zeigt, wie empfindlich die alten Grenzen des „Familienraums" durch die Scheidung verletzt wurden und noch nicht „heilen" konnten. Es wurde noch keine gemeinsame Vorstellung darüber entwickelt, ob und wie die Mutter als ehemalige Bewohnerin den neu entstandenen „sozialen Raum" der Restfamilie betreten darf.

Viele Konflikte entzünden sich an ungeklärten Trennungslinien. Der bildhafte Vergleich mit einem „eigenen Raum" hilft, für viele Bereiche die eigenen Bedürfnisse zu formulieren.

Mutproben, um sich Raum zu nehmen

- Welchen Raum brauche ich für mich? Sowohl im Sinne von Wohnraum als auch im Sinne von Freiraum für ein Stück eigenes Leben außerhalb der Familie?

- Welchen Raum brauchen wir als Eltern für unsere Beziehung?

- Ich nehme mir die Zeit, diese Räume zu definieren, nehme mir diese Räume und verteidige die Grenzen gegenüber den andern.

Das Leben der andern – Der geheime Auftrag

Die Berrys haben den unausgesprochenen Auftrag des Vaters angenommen, ein perfektes Hotel wie das Hotel New Hamphire aufzubauen. John gibt offen zu, dass die Familie im Traum des Vaters lebenslänglich gefangen ist, als wäre das Hotel New Hampshire ein Traumgefängnis. Dem erblindeten Win wird von seiner Familie vorgetäuscht, dass seine Mission Impossible doch noch erfüllt werden konnte. So muss er nicht Abschied von seiner Lebenslüge beziehungsweise dem Familienmythos nehmen. Eines seiner Kinder sagt einmal, Papa rennt stets einer Sache hinterher, die er niemals einholen kann. John, der mittlere Sohn, konnte dem Lebensplan seines Vaters zwar nicht entkommen, aber er vermag es im Rückblick seine Aufmerksamkeit auf die guten Erinnerungen zu fokussieren – eine nicht zu unterschätzende Kompetenz. Am Ende des Romans resümiert er als Erzähler:

„Wir träumen immer weiter: Das beste Hotel, die perfekte Familie, das Leben in der Sommerfrische. Und unsere Träume entschlüpfen uns fast so lebendig, wie wir sie heraufbeschwören können. Im Hotel New Hampshire sind wir lebenslänglich festgeschraubt – aber was ist schon ein wenig Luft in der Leitung, ja selbst massenhaft Scheiße in den Haaren, wenn man gute Erinnerungen hat?"

Nicht immer liegen die von den Eltern an die Kinder delegierten Aufträge so auf der Hand. In der eigenen Herkunftsfamilie wirken oft geheime Anweisungen, die mehr oder weniger an die nächste Generation weitergegeben werden (Stierlin 1982). Wenn Sie zum Beispiel aus einer Ärztefamilie stammen, in der es Ehrensache ist, auch Arzt zu werden, geraten Sie in einen Loyalitätskonflikt, sobald Sie lieber einen Hüpfburgenverleih aufmachen möchten. Da hilft es auch wenig, wenn Ihre Eltern beteuern, Sie sollen ganz frei entscheiden und bedenkenlos Ihren eigenen Weg gehen. Auf der emotionalen Ebene ist ihnen die eigentliche Erwartung auf die Stirn geschrieben.

Ein anderes Beispiel: Der Vater hätte gerne studiert und überträgt die unerfüllte Sehnsucht auf seinen Sohn. Das Baby begleitet von Geburt an der verdeckte Auftrag, einen Uni-Abschluss in die Familie zu bringen. Gehen die beruflichen Interessen des Hoffnungsträgers später in Richtung YouTuber, kann er dem enttäuschten Vater gegenüber nicht mehr loyal sein.

Mutproben, um den geheimen Auftrag zu erforschen

- Welche Erwartungen hatten meine Großeltern an meine Eltern?

- Was davon wurde an mich weitergegeben?

- Habe ich die Karriere gemacht, die ich wollte?

- Lebe ich ein Stück das Leben, das sich eigentlich meine Mutter oder mein Vater gewünscht hätten?

- Sollen meine Kinder bestimmte Ziele erreichen, weil ich sie auch (nicht) erreicht habe?

- Orientiere ich mich an den individuellen Bedürfnissen, Talenten und Zielen meiner Tochter oder meines Sohns?

Wie lässt sich die Macht von Erzählungen über das Wohlbefinden in der Familie erklären? Der Liebesmythos von Win und Mary stiftet die Identität der Berrys und gibt den Kindern für Jahrzehnte die Handlungsmotive vor. Die Art, über die Familie zu reden, bestimmt, wer dazu gehört (Bär) und wer nicht, welche Räume die Lebensgemeinschaft nach außen abgrenzen und welche geheimen Aufträge der Eltern in die neue Generation weitergetragen werden sollen.

Ein tieferes Verständnis für die Gesetze der Familiendynamik erlaubt die Betrachtung der Familie als soziales System. Erst die wechselseitigen Beziehungen binden die Mitglieder an die Familie wie die Fäden, welche die Figuren mit einem Mobile verbinden.

Kapitel 10

Abhängen im Mobile – Familie als System verstehen

Seit Mitte des letzten Jahrhunderts begannen Familientherapeuten in den USA und Europa, die Familie als soziales System zu begreifen. Das Vorbild lieferten Modelle aus den Naturwissenschaften. Betrachtet man in der Biologie eine Zelle als eigenständiges System, finden sich interessante Merkmale, die auch als Metapher für das soziale System Familie taugen (Stangl 2021): Es besteht eine mehr oder minder erkennbare Abgrenzung zur Umwelt. Die Elemente (oder die Personen) des Systems sind voneinander abhängig. Es lassen sich Muster in den Wechselbeziehungen zwischen den Akteuren erkennen. Systeme haben die Fähigkeit, sich wieder in Balance zu bringen, wenn die alte Ordnung durcheinandergewirbelt wurde.

Eine weitere Beobachtung: Systeme organisieren sich selbst und bringen das Wesentliche, was sie zum Überleben brauchen, aus sich selbst hervor (Autopoiesis).

An die Stelle von Aminosäuren & Co, welche bei der biologischen Zelle die „Beziehung" zwischen den Elementen wie Zellkern und Ribosomen herstellen, tritt in sozialen Systemen die Kommunikation.

Wie lassen sich diese Vergleiche auf die Betrachtung Ihres Familienalltags übertragen? Sie betrachten bei diesem Perspektivenwechsel nicht den Einzelnen, sondern das ganze Familiensystem.

Hierzu eine passende Geschichte: Klara ist sechs Jahre alt und hat noch kein Wort gesprochen. Die Eltern sind völlig verzweifelt. Kein Arzt kann die Krankheit (Mutismus) heilen, denn die Sprechorgane von Klara sind kerngesund. Auch Bachblüten helfen nicht. „Was ist bloß mit unserem Problemkind los? Sie bräuchte sich nur einen Ruck geben! Aber, wenn sie nicht will, dann will sie nicht ...“

Eines Tages beim Mittagessen sagt Klara überraschend: „Salz fehlt!“

Die Eltern sind vollkommen außer sich. „Du kannst ja sprechen! Warum hast du denn die ganzen Jahre keinen Piep gesagt?“

Klara zuckt mit den Schultern und erklärt: „Hat ja noch nie was gefehlt ...“

Die Geschichte verdeutlicht den Unterschied zwischen der herkömmlichen linearen Sichtweise und der systemischen Perspektive. Das Kind zeigte eine Störung und wurde nur einzeln in den Fokus gerückt. Die Ursache für Klaras Sprachlosigkeit konnten sich die Eltern nur innerhalb der Tochter vorstellen. Eine Krankheit? Mangelnder Wille? Trotz?

Die systemische Analyse ergibt, dass Klara von der Familie jeden Handgriff abgenommen bekam. Deshalb hatte sie keinen Anlass zu sprechen, denn ihr wurde jeder Wunsch von den stummen Lippen abgelesen. Bis zu dem Tag, an dem ihr das Familiensystem das Schweigen versalzen hat.

Klara trug nur ein Symptom, welches für die gesamte Familie mit ihren dysfunktionalen Beziehungen beziehungsweise Kommunikationsmustern steht. Klara wurde nach und nach aus der Kommunikation ausgeschlossen. Mit der Zeit fragte sie keiner mehr nach ihren Wünschen, weil ihr Schweigen wie eine selbsterfüllende Prophezeiung erwartet wurde.

Die gleiche Beobachtung bei stillen Kindern machte auch Klaus Kokemoor (2018), der als Inklusionsexperte Kitas berät. Er zeichnet bei seinen Einsätzen mit der Kamera auf, wie sich alle Mitglieder des Systems dem „Problemkind" gegenüber verhalten. Dabei fiel ihm auf, dass die Erzieher mit den schweigsamen Kleinen gar nicht mehr redeten. Der Lateiner würde sagen, sie wurden exkommuniziert (ausgeschlossen von der Kommunikation). Hingegen brachte Kokemoor die Stummen zum Sprechen, indem er ihnen viel Aufmerksamkeit und Lob schenkte.

Zur systemischen Sichtweise zählt auch, den Fokus auf die Ausnahmen zu lenken. Wann tritt ein unerwünschtes Verhalten nicht auf? Es ist zum Beispiel bei impulsiven Kindern üblich, sie mit dem Etikett zu versehen, dass sie „immer aggressiv" seien. Wenn Kokemoor die Kamera aufstellt, um die „zuverlässigen" Störenfriede zu filmen, erlebt er plötzlich friedliches Benehmen und auch die Bezugspersonen geben sich wesentlich zugewandter. Besonders ergiebig ist das Beobachten von Situationen, in denen sich die Wüteriche nach Fehltritten von den Erziehern beruhigen lassen. Kokemoors Aufnahmen belegen, mit welchen Verhaltensweisen dies gelingt:

- sich auf die gleiche Ebene begeben (mit auf den Boden setzen),
- keinen Augenkontakt haben,
- keine Moralpredigt halten,
- die gleiche Blickrichtung wählen,
- Dinge sagen wie: „Wir finden eine Lösung ..."

Mutprobe: Abschied vom „Einzeltäter"

- Wenn Sie ein Verhalten bei einem Familienmitglied stört, was müssten Sie beziehungsweise der Rest der Familie tun, damit das Verhalten stärker wird?

- Wann gibt es Ausnahmen, bei denen das Verhalten nicht auftritt? Analysieren Sie genau die Rahmenbedingungen. Was ist anders als sonst?

- Angenommen, eine gute Fee würde heute Nacht, wenn Sie schlafen, das Problem wegzaubern! Was müssten Sie morgen tun, damit das Problem wieder auftritt?

Wer mit wem? Wechselnde Koalitionen

Die Reihenfolge der Generationen gibt eine Ordnung in der Familie vor, die nicht eingehalten werden muss, aber bei Störungen als Orientierung dienen kann. Die Eltern stehen hier an der Spitze und die Kinder finden ihre Rolle in der Hierarchie darunter. Bei diesem Musterbild treten Vater und Mutter als eine Einheit auf, wenn es um Erziehungsfragen geht. Die Elternebene ist deutlich von der Kinderebene getrennt. Das zeigt sich unter anderem darin, dass sie eine exklusive Paarbeziehung leben, die in der Familie einen geschützten Raum hat. Es besteht kein Zweifel daran, dass die Erwachsenen für die Versorgung der Kinder zuständig sind.

Die Strukturen geraten aus dem Lot, wenn sich zum Beispiel die Mutter (Mona) mit der Tochter (Sarah) gegen den Vater (Lars) verbündet. Die Paarbeziehung liegt auf Eis. Emotional fühlt sich Mona besser von Sarah verstanden. Sie lästern zusammen über Lars und grenzen ihn aus. Sicher hat er seinen Teil dazu beigetragen, indem er Mona vernachlässigt hat. Und auch sonst war sein Verhalten nicht immer korrekt. Seine Beziehung zur Tochter ist zu schwach, um von ihr Loyalität erhoffen zu dürfen. Sie genießt den Aufstieg in der Familienhierarchie, weil sie bei ihrer Mutter die Stelle des Vaters eingenommen hat. Die Floskel, meine Mum ist meine beste Freundin, wird auch gelebt. Die Versuche von Lars, die alte Ordnung wiederherzustellen, prallen an Mona ab. Entweder leugnet sie die neue Position von Sarah oder sie weist Lars die Verantwortung für die Situation zu, weil er in der Vergangenheit zu viel Schuld auf sich geladen habe.

Dieses dysfunktionale Dreieck kann sich auch immer wieder neu mit wechselnden Koalitionen bilden (die sogenannte „Triangulierung"). Unter Geschwistern kommt es nicht selten vor, dass sich zwei Geschwister phasenweise gegen einen wechselnden Dritten verbünden. Kurze Zeit später löst sich das Täterpaar auf und das Opfer schmiedet sich in einer neuen Täterkonstellation gegen den ehemaligen „Mittäter" zusammen, der nun als neues Opfer gemobbt wird. Vorher haben sich vielleicht zwei Brüder gegen die einzige Schwester verschworen und nachher grenzt die Schwester mit einem der Brüder den anderen Bruder aus.

Mutprobe: Die Koalitionsfrage

- Welche (wechselnden) Koalitionen gibt es innerhalb Ihrer Familie?

- Bleiben die Rollen der Eltern und Kinder klar verteilt?

- Verbünden sich in der Hierarchie Ungleiche gegen einen Dritten?

- Darf der ausgegrenzte Dritte die Situation offen ansprechen und auf Verständnis und Veränderung hoffen?

Gefangen im Netz der Familien-Wirklichkeiten?

Im vierten Kapitel wurde beschrieben, wie sich jeder mit der Beschreibung, Bewertung und Erklärung seiner Beobachtungen in der Familie seine eigene Wirklichkeit erschafft. Zum Glück können die Mitglieder ihre Realitätskonstruktionen in den täglichen Gesprächen abgleichen und anschlussfähig machen. Die Kunst ist es nun, die Art und Weise, wie in der Familie miteinander geredet wird, so wertschätzend zu gestalten, dass gelingende Beziehungen aufrechterhalten werden. Um es nicht zu theoretisch werden zu lassen, habe ich Ihnen hierzu ein paar praktische Tipps zusammengestellt.

Erfolgsfaktoren für eine gelingende Kommunikation im Familiensystem

- Sorgen Sie dafür, dass sich die Redeanteile in der Familie ungefähr die Waage halten.

- Jeder darf seine Beobachtungen frei zur Sprache bringen, ohne von Ihnen oder einer anderen Person bevormundet zu werden.

- Nehmen Sie sich selbst wahr und lassen Sie sich Rückmeldung geben, wie Sie wahrgenommen werden.

- Sagen Sie, was Sie wirklich meinen.

- Handeln Sie so, wie Sie reden. So vermeiden Sie Doppelbotschaften (Double Bind). Wenn Ihr Kind Sie zum Beispiel um Schokolade bittet und Sie sagen: „Ich möchte nicht, dass du so viel Süßes isst", während Sie ihm gleichzeitig einen Schokoriegel hinlegen, kommt es zum Double Bind. Ihr Kind weiß nicht, wie es sich verhalten soll. Die Beziehung wird verunsichert.

- Reißen Sie Themen nicht nur an, sondern besprechen Sie diese auch zu Ende.

- Stellen Sie Fragen nicht nur vieldeutig in den Raum, sondern beantworten Sie diese auch.

- Stellen Sie sicher, dass abweichende Meinungen erlaubt sind.

- Tarnen Sie Konflikte nicht durch unterschwellige Angriffe, sondern sprechen sie diese offen an, ohne zu verletzen.

- Verabschieden Sie sich von gescheiterten Lösungsversuchen und entwickeln Sie mit der Familie gemeinsam neue.

Im Untertitel des Buches habe ich Ihnen eine Anleitung versprochen, wie Familien sich neu erfinden können. Der Schlüssel liegt in dem Erzählmuster, mit dem Sie sich Ihre Familie und die Welt erklären. Anhand von drei Varianten zeige ich Ihnen, wie Sie Ihre Familie wahlweise als belastet, als heldenhaft oder als selbstsicher (neu) erfinden können.

Kapitel 11

Drei Möglichkeiten, die Familie (neu) zu erfinden

Die Konstruktion der belasteten Familie

Experiment Teil 1: Was müssten Sie tun, damit Ihre Familie sich besonders von der unberechenbaren Welt da draußen belastet fühlen würde?

- Schärfen Sie Ihre Beobachtungen für die traurigen, bedrohlichen und unmoralischen Dinge innerhalb und außerhalb Ihrer Familie und regen Sie sich pausenlos darüber auf: „Bei dem schönen Wetter hätten unsere Nachbarn die Oma auch mal in den Garten setzen können!"
- Fahren Sie Ihr Leben lang an den gleichen Urlaubsort, um Überraschungen zu vermeiden.
- Suchen Sie in der Vergangenheit nach Ursachen, die das Familienglück für immer belasten: „Hätte mein Vater mich damals studieren lassen, müssten wir nicht in dieser kleinen Wohnung leben."
- Bewerten Sie eine Sache entweder ausschließlich positiv oder negativ: Es gibt nur Gute oder Böse, Fleißige oder Faule, Qualität oder Schrott.
- Lassen Sie sich von Ihren Werten tyrannisieren: Es ist am wichtigsten, dass andere gut über Sie denken. Die persönlichen Bedürfnisse der Familienmitglieder haben sich der schillernden Fassade unterzuordnen.

Ich wende das Rezept auf Familie Müller an.

Dominik und Dora haben den Sohn Max (14) und die Tochter Emma (7). Max leidet unter Heuschnupfen und Emma ist laktose-intolerant. Den Winter über wird in der Familie immer wieder betont, dass man sich nicht auf den Frühling freuen könne, weil Max dann von Pollen bedroht würde. Bei jedem Essen treibt alle die Sorge um, dass sich auf Emmas Teller heimlich Lactose befin-den könnte. Auch sonst drehen sich die Themen oft um drohende Krankheiten und andere Katastrophen in der Welt. Im Urlaub fah-ren Sie jedes Jahr nach Südtirol in dieselbe Pension. Da kennen sie alles und jeden. Dort drohen keine Zufälle.

Dominik wäre gerne Professor geworden, aber er wollte Dora mit den Kindern nicht allein lassen und brach seine Uni-Karriere zugunsten der Familie ab. Dora hat deshalb ein schlechtes Gewissen. Wenn ihr Mann unzufrieden von der Arbeit kommt, seufzt sie: „Ich bin schuld, dass du nicht an der Uni geblieben bist und jetzt so einen Idiotenjob machen musst ..." Dann schaut Dominik, als würde er mit seinen müden Augen sagen, du hast recht.

Leistung bedeutet in der Familie Müller alles. Schlechte Noten bei Max und Emma empfinden die Eltern als persönliche Niederlage. Es gibt nur gute oder böse Lehrer, fleißige oder faule Menschen, die Dinge werden als perfekt oder katastrophal bewertet.

Wenn es in der Familie jemandem schlecht geht, wird erwartet, dass es allen Müllers schlecht geht. Umgekehrt darf es einem Müller nur gut gehen, wenn es allen Müllers gut geht. Besonders häufig gebrauchte Adjektive sind „traurig und miserabel", die Pauscha-lierungen „immer, nie und total" sowie die Sätze „Ich kann nicht mehr. Ich weiß nicht, wie das gehen soll (Landzettel 2020)".

Wegen eines Zahlendrehers wurde eine Rate für den Autokredit nicht überwiesen. Eine unverzeihliche Katastrophe. Bestimmt sperrt die Bank ihnen jetzt das Konto.

Die Familie lebt im Schade: Schade, dass etwas nicht geklappt hat, dass schlechtes Wetter ist, dass sich andere nicht melden etc.

Die größte Sorge ist, was andere über die Müllers denken könnten. Der Balkon ist tadellos, die Fenster wie geleckt, die Nerven blank. Wenn sich Max oder Emma dreckig machen, heißt es: „Schämst du dich nicht, du ziehst die ganze Familie in den Schmutz …"

Konflikte über die Werte der Familie (Fleiß, Anständigkeit, Sauberkeit) werden im Keim erstickt. Schließlich scheinen diese Ideale wie Naturgesetze nicht verhandelbar. Die Müllers passen sich ihren Werten an. Nicht umgekehrt.

Die belastete Familie folgt einer depressiven Konstruktion der Wirklichkeit. Kennzeichnend hierfür sind die Tyrannei der Werte, der Kleinheitswahn, ohne Höchstleistungen nichts wert zu sein, die Angst vor Katastrophen und die Perspektivlosigkeit. Die Beobachtungen innerhalb und außerhalb der Familie werden meist negativ bewertet und erklärt. Es darf keine ambivalenten Einschätzungen geben. Eine Mischung aus Lösung und Problem wird abgewehrt, denn es werden nur lupenreine Lösungen akzeptiert. Und die existieren leider nicht.

Die Konstruktion der heldenhaften Familie

Experiment Teil 2: Was müssten Sie tun, damit Ihre Familie sich besonders heldenhaft fühlen würde?

- Betrachten Sie die Leistungen Ihrer Familie durch ein Vergrößerungsglas: „Meine Tochter lernt jetzt Blockflöte und spielt nach einer Woche den Lehrer an die Wand!"
- Betrachten Sie die Leistungen anderer Familien mit dem Verkleinerungsglas: „Bei den Meyers kickt im Fußballverein ein Kind schlechter als das andere. Und unsere Jungs sind die Torjäger!"
- Ihre Bewertungsskala kennt nur Superlative: „Unsere Spaghetti Carbonara schmecken besser als beim Italiener!"

- Was es nicht geben darf, gibt es bei Ihnen nicht: „Du hast Angst vor der Mathearbeit? Das machst du mit links!"
- Suchen Sie die Ursachen für Misserfolge in der Außenwelt: „Was können wir dafür, dass uns keiner mag. Alles Idioten!"

Wie sieht es bei den Müllers aus, wenn Sie sich an die Agenda der Helden halten? Der Heuschnupfen von Max und Emmas Laktoseintoleranz sind nicht der Rede wert. „Indianerherz kennt keinen Schmerz." Dominik hat mal in einem Fachmagazin gelesen, dass diese Symptome ein Hinweis auf hochbegabte Kinder sind. Nachdem Emma die erste Zwei auf dem Zeugnis hatte, überlegten die Eltern, ob sie nicht besser eine Klasse überspringen soll. Die stark abfallenden Noten bei Max sind für Dora nur mit der Unterforderung ihres Überfliegers zu erklären. Bei diesem IQ muss er sich in der Schule ja langweilen. Während der Mahlzeiten erzählt Dominik gerne Heldengeschichten. Im Stammbaum der Müllers wimmelt es vor tollen Hechten und Nobelpreiskandidaten. Kein Wunder, dass die Nachbarn nicht mithalten können. Wahrscheinlich gibt es in deren Verwandtschaft nur Wasserträger. Die Müllers sind eben etwas ganz Besonderes.

Die Uni wollte Dominik sowieso vorzeitig verlassen. Er hat sich in den ersten Semestern so einen exzellenten Ruf erworben, dass er bestimmt bald auch ohne Habilitation zum Professor berufen wird. Für Ausnahmetalente werden die Statuten einfach geändert. Außerdem hat er jetzt schon die schönste Mietwohnung im Hochhaus, die intelligentesten Kinder und die cleverste Kapitalanlage. Alles, was in der Familie geschieht, ist super, spitze oder einfach genial.

Die verpatzte Rate für den Autokredit geht auf das Konto des schusseligen Bankberaters. Der hätte sich doch denken können, dass die berühmten Müllers sich eine Zahlpause nicht genehmigen lassen müssen. So ein Depp!

Die heldenhafte Familie baut sich ihre Wirklichkeit mit Hilfe von Heldenerzählungen, in denen die Hauptperson alles gelingt.

Die Bewertungen und Erklärungen ihrer Beobachtungen fallen meist positiv zugunsten der Familie aus. Niederlagen werden nicht genutzt, um daraus zu lernen, sondern den äußeren Umständen zugeschrieben. So beschränken sich die Heldenhaften wie die belastete Familie in ihren Entwicklungsmöglichkeiten, weil es zwischen Schwarz und Weiß keine Zwischentöne geben darf. Die differenzierte Reflexion des eigenen Verhaltens wäre aber nötig, um von unwirksamen Routinen und Glaubenssätzen („Wir sind die Größten!") Abschied zu nehmen und wirksamere Denk- und Handlungsweisen zu entfalten. („Wir dürfen aus Fehlern lernen, um besser zu werden!")

Die Konstruktion der selbstsicheren Familie

Experiment Teil 3: Was müssten Sie tun, damit Ihre Familie sich selbstsicher fühlen würde?

- Fahren Sie Ihre Antennen weit aus für Geschichten, in denen die Beziehungen zwischen den Eltern, Geschwistern und Verwandten gut funktioniert haben: Erzählungen von schönen Erlebnissen zuhause oder auf Reisen, von glücklichen Zufällen und von Strategien, mit denen in der Familie Probleme gelöst wurden.
- Stärken Sie mit Ihrem Wissensdurst, möglichst viel über die Vergangenheit und Gegenwart der Ihren zu erfahren, den Zusammenhalt: Wie haben Mama und Papa sich kennengelernt (Liebesmythos)? Was lässt sich Interessantes über das Leben von Oma und Opa erzählen?
- Berichten Sie Anekdoten aus der Kindheit von jedem einzelnen. Nicht zu unterschätzen ist Ihr mündlich überlieferter Familienhumor, mit dem Sie im Notfall immer sagen können: „Die Lage ist zwar hoffnungslos, aber nicht ernst ..."

- Bewerten Sie Ihre Beobachtungen in der Familie möglichst realistisch. Nutzen Sie auf der Messskala alle Graustufen zwischen Schwarz und Weiß.
- Trennen Sie bei Ihrer Bewertung zwischen Verhalten und Person. Wenn Ihr Kind zum Beispiel die Küche schmutzig hinterlassen hat, sagen Sie nicht, „Das ist mal wieder der Beweis; du bist ein unordentlicher Mensch!", sondern „Du hast die Küche verlassen, ohne deinen Dreck weg zu machen. Das verstößt gegen unsere Regeln."
- Konstruieren Sie für Ihre Beobachtungen Erklärungen, welche die Handlungsmöglichkeiten in Ihrer Familie vermehren (Foerster 1996).
- Sie wissen, dass es keine „wahren" Ursachen gibt, sondern nur konstruierte Ursachen. Deshalb leisten Sie sich den Luxus von Probe-Erklärungen für Ihre Beobachtungen. Wenn eine Erklärung nicht funktioniert, wählen Sie einen wirksameren Erklärungsversuch.

Und wie ergeht es den Müllers als selbstsicherer Familie? Heuschnupfen und Laktoseintoleranz sind zwar lästig, aber mit den passenden Medikamenten beziehungsweise Ernährungsformen gut zu beherrschen. Beim Essen und zu anderen Gelegenheiten schwelgen die Müllers in Erinnerungen an schöne Urlaube, erzählen sich lustige Geschichten aus der Verwandtschaft oder von schwierigen Situationen, die in der Familie zu meistern waren.

In der Schule hat jeder seine Stärken und Schwächen. Doch das nimmt keinen Einfluss auf die sichere Bindung zu den Eltern. Schlechte Noten sind für Dominik und Dora kein Grund, ihre Kinder als Person abzuwerten.

Die berufliche Laufbahn von Papa hat Sonnen- und Schattenseiten. Er redet offen über das Märchen von der Work-Life-Balance. Es sei unmöglich, sowohl der Familie als auch der Karriere gerecht werden zu können. Es sei nur möglich, sich für eins von beiden zu entscheiden. Und es wäre gelogen, wenn er der Professur nicht nachtrauern würde, obwohl er sich für die Familie entschieden hat.

Um allen Bedürfnissen gerecht zu werden, berufen die Müllers jeden Sonntag den Familienrat ein. Jeder darf gleichberechtigt Themen einbringen, die der Reihe nach besprochen werden. Dabei hat jeder das gleiche Rederecht. Die verabschiedeten Beschlüsse werden im Logbuch des Familienrats protokolliert. Als Anhänger des systemischen Denkens achten die Eltern darauf, dass die Anliegen nicht vorschnell mit Bewertungen und Erklärungen abgeschmettert werden. Lieber sind sie ihren Kindern ein Vorbild, wenn es darum geht, sich Distanz zu seinen Beobachtungen zu schaffen, indem man sie im ersten Anlauf nur beschreibt.

Sie merken, bei der Erfindung der selbstsicheren Familie werden alle Register der wertschätzenden Kommunikation gezogen, die in diesem Buch beschrieben wurden. Während die belastete Familie darauf hofft, dass die Welt ihr Leid endlich würdigt und die heldenhafte Familie darauf wartet, dass alle ihre Großartigkeit erkennen, orientiert sich die selbstsichere Familie an ihren Stärken, ohne die Schwächen klein- oder großzureden.

Kapitel 12

Seelische Hausapotheke für Familien

Dankbarkeitstagebuch

Dieses bewährte Hausmittel stabilisiert und steigert das seelische Wohlbefinden bei Groß und Klein. Schreiben Sie jeden Abend vor dem Einschlafen drei Dinge in ein Heft oder in eine App (z. B. „Dankbarkeit Tagebuch"), für die Sie an diesem Tag dankbar sind. Das kostet minimal Zeit und verspricht auf Dauer maximale Wirkung. Eine Studie belegt, dass ein Dankbarkeitstagebuch die Zufriedenheit mit dem Leben und der Familie deutlich erhöht (Seligman 2005).

Erinnerungskiste

Für das Sammeln von Erinnerungen gibt es fröhliche und traurige Anlässe. Das sollte Ihnen eine Schatzkiste wert sein. Jedes besondere Ereignis in der Familie verdient ein Symbol oder kleines Erinnerungsstück. So lässt sich beispielsweise für jedes Kind ein eigener Wunderkasten anlegen mit dem ersten Milchzahn, der ersten Sporturkunde, der schönsten Bastelei etc.

Auch bei Todesfällen kann der Verstorbene in dieser Form mit den wichtigsten Andenken gewürdigt und betrauert werden.

Grübelsack

Wenn jemand in der Familie nicht einschlafen kann, weil sich das Gedankenkarussell permanent weiterdreht, hilft keine Wärmflasche, aber vielleicht der Grübelsack. Zur Vorbereitung vor dem ersten Einsatz werden tagsüber typische Grübelgedanken auf jeweils einen Zettel geschrieben. Die Zettel füllt man in ein Säckchen oder einen Umschlag. Sobald abends das Grübeln im Bett losgeht, steht man auf und geht mit seinem Grübelsack an einen besonders unangenehmen Ort wie die Rumpelkammer oder die Kellertreppe. Hier müssen eine halbe Stunde lang die Gedanken auf den Zetteln durchgegrübelt werden. Nach den 30 Minuten fragt man sich, ob es wirklich genug ist oder eine weitere halbe Stunde nötig wäre. Erst nach reiflicher Überlegung, ob ausreichend gegrübelt wurde, darf man ins kuschelige Bett zurückkehren. Nur Mut! Die Linderung tritt meist erst ein, wenn der Grübelsack einige Abende im Einsatz war.

Jammern – aber richtig!

Ist Ihre Familie auch manchmal von Jammeritis geplagt? Kaum kommt jemand nach Hause, geht es mit der Jammerei über Gott und die Welt schon los. Drei Hausmittel sind zu empfehlen, damit sich keiner bei den anderen mit der Jammeritis ansteckt.

A) Der Jammer-Wecker
Sobald das Haus betreten wird, darf jeder 20 Minuten jammern. Zur Kontrolle wird ein Timer auf 20 Minuten eingestellt.

B) Der Jammer-Sessel
Bei akuteren Fällen, in denen eine Tagesdosis Jammern von 20 Minuten zu Entzugserscheinungen führen würde, verschreibe ich Ihnen den Jammer-Sessel. Es darf von jedem nach Belieben gejam-

mert werden, allerdings nur, wenn man sich dabei auf einen dafür festgelegten Jammer-Stuhl oder -Sessel setzt.

C) Das Jammer-Fasten

Im Sinne eines Jammer-Fastens legt die Familie einen Tag in der Woche fest, an dem nicht gejammert werden darf. Verstöße werden mit einem Euro für das Jammer-Sparschwein geahndet. Mit der Zeit kommt eine schöne Summe zusammen. Von dem „hart erjammerten" Geld kann die Familie genussvoll Essen gehen.

Medienkonsum

Kaum ein anderes Thema verunsichert Eltern so sehr wie der Umgang ihrer Kinder mit digitalen Endgeräten. Der soziale Druck, dass viele Gleichaltrige im Freundes- und Bekanntenkreis auch ans Handy, ans Tablet oder den PC dürfen, macht das Erlauben und Verbieten nicht einfacher.

Welches Maß ist sinnvoll? Die Bundeszentrale für gesundheitliche Aufklärung (2019) empfiehlt folgende zeitlichen Obergrenzen für den Medienkonsum, wobei die Inhalte von den Eltern kontrolliert werden sollten. Beachten Sie zum Beispiel die FSK, die Altersfreigabe bei Filmen und Spielen.

- Kinder im Alter von 0 bis 3 Jahren: keine Bildschirmmedien nutzen

- Kinder im Alter von 3 bis 6 Jahren: höchstens 30 Minuten täglich

- Kinder im Alter von 6 bis 10 Jahren: höchstens 45 bis 60 Minuten täglich

Alternativ kann für Kinder und Jugendliche die Faustregel angewendet werden: Das Alter entspricht der maximalen Wochenstundenzahl der Mediennutzung. Demnach lässt sich die Tabelle forstsetzen:

* 11 Jahre   bis 11 Wochenstunden

* 12 Jahre   bis 12 Wochenstunden

* 13 Jahre   bis 13 Wochenstunden

Usw.

Viele Eltern werden angesichts des tatsächlichen Konsums ihrer Kids von Handy & Co bei den genannten Obergrenzem resigniert lächeln. Die Bundeszentrale für gesundheitliche Aufklärung rät dazu, mit den Kindern verbindliche Zeiten für den Gebrauch der Technik zu vereinbaren. Bewährt haben sich Vorrichtungen, welche die Nutzung automatisch begrenzen. Für Smartphones und Tablets sind Apps wie zum Beispiel „Kaspersky Safe Kids" erhältlich, mit denen sich der Zugriff auf die Geräte beziehungsweise auf die jeweiligen Programme wie YouTube begrenzen lässt. Bei PCs können für jedes Familienmitglied eigene Benutzeroberflächen zeitlich und inhaltlich konfiguriert werden. Zumal es die Einstellung des Routers erlaubt, jedem Endgerät im WLAN eine definierte Nutzungszeit zuzuweisen. Unterschätzen Sie nicht die Kreativität Ihres Nachwuchses, wenn es darum geht, die Schutzvorrichtungen zu umgehen: In meinem Bekanntenkreis stellte ein Elfjähriger den Kalender in seinem Handy einfach zehn Jahre vor und verzockte schon sein Zeitguthaben des Jahres 2031.

Zeigen Sie Interesse für die digitalen Aktivitäten Ihrer Kinder, indem Sie sich davon berichten lassen oder mitspielen. Es erhöht Ihre Glaubwürdigkeit, wenn Sie sich beim Daddeln auch selbst an den vereinbarten Zeitrahmen halten. Planen Sie gemeinsame Aktivitäten wie Gesellschaftsspiele, Sport und Ausflüge – ohne digitale Begleiter.

Dennoch entziehen sich vor allem Jugendliche häufig der elterlichen Kontrolle und tauchen immer mehr in virtuelle Welten ab. Wenn der Medienkonsum stetig zunimmt und oft mehrere Stunden beansprucht, die sozialen Kontakte im Reallife leiden und die schulischen Pflichten vernachlässigt werden, sind die ersten Alarmzeichen einer exzessiven Mediennutzung gegeben. Zögern Sie nicht, professionelle Hilfe in Anspruch zu nehmen. So erhalten Sie zum Beispiel eine kostenlose E-Mail-Beratung und weiterführende Informationen auf der Webseite: *www.ins-netz-gehen.info/beratung-hilfe/e-mail-beratung-zum-massvollen-umgang-mit-digitalen-medien/*

Reframing – Alle Dornen haben Rosen

Mit Reframing (Umdeuten) können Sie Problemen beziehungsweise den Erzählungen von Problemen in der Familie ihren Stachel nehmen und die Perspektive wechseln. Es geht nicht darum, Bedauerliches schönzureden, sondern dem empfundenen Problem einen neuen Rahmen (frame) zu geben, der auch positive Bedeutungen erkennen lässt. Zwei Beispiele:

Eine Witwe klagt, dass ihr Mann ihr nie Blumen geschenkt hätte. Ihre beste Freundin wendet ein: „Er hat dir jahrzehntelang den Garten gemacht und auf diese Weise schenkte er dir jeden Tag Blumen!" Die Freundin erweitert den Bezugsrahmen. Anstatt nur die Rosen aus dem Blumenladen als Geschenk gelten zu lassen, zählt nun der Garten als tägliche Blumengabe.

Eine Mutter macht sich große Sorgen, weil ihre pubertierende Tochter so impulsiv ist und bei Konflikten laut schreit und sogar zuschlagen kann. Das passt nicht zu ihrer Vorstellung von einer „wohlerzogenen jungen Dame, die weiß, was sich gehört". Der Vater beruhigt sie: „Ich bin heilfroh, dass sich unsere Tochter so gut verteidigen kann! Sollte sie mal von einem Mann belästigt werden, wird sie sich mit aller Kraft wehren."

Hier erkennen die Eltern das vermeintliche Problem als Ressource, indem die Vorteile des impulsiven Verhaltens der Tochter in einen neuen Bezugsrahmen, der Gefahrensituation, eingeordnet wird.

Das Reframing taugt sicher mehr als Haltung, möglichst offen für das ganze Bedeutungsspektrum von sogenannten „Problemen" zu sein, denn als simpel anzuwendende Technik (von Schlippe u. a. 2019). Wer sich in der Kunst des Reframings üben möchte, findet in den überraschenden Wendungen von Witzen hervorragende Lehrstücke: Ein Straßenverkäufer preist seine Ware an: „Kaufen Sie die stabilste Pfanne der Welt! Völlig unzerbrechlich!!". Zum Beweis schlägt er immer wieder mit einem Hammer auf die Pfanne. Schließlich bricht die Pfanne unter den Hammerschlägen entzwei. Sofort schreit der Verkäufer: „Kaufen Sie den stärksten Hammer der Welt! Der zerschlägt sogar die härtesten Bratpfannen!"

Vorwürfe in Wünsche verwandeln (VW-Regel)

Der systemische Therapeut Manfred Prior (2020) riet einer Klientin, die darüber klagte, dass die Vorwürfe an ihren Mann zu nichts führen würden, zur VW-Regel. „VW?", stutzte sie als Opel-Mitarbeiterin. „Was soll das bedeuten?" Die Formel besagt: Jeder Vorwurf lässt sich in einen Wunsch verwandeln. Denn hinter den Anschuldigungen an andere Familienmitglieder verbergen sich unsere persönlichen Anliegen. Anstatt mit einem Angriff den Gegenangriff zu provozieren („Du bist rücksichtslos, weil du immer so laut Musik hörst!"), hat unser Bedürfnis nach Ruhe im Gewand eines Wunsches wesentlich bessere Chancen, berücksichtigt zu werden („Ich wünsche mir, dass du leiser Musik hörst oder Kopfhörer nimmst.")

Kapitel 13

Jetzt sind Sie dran:
Erzählen Sie Ihre Familie neu!

Schaffen Sie regelmäßig Anlässe, in denen alle Generationen in gemütlicher Runde ihre Erinnerungen austauschen können. Schauen Sie sich alte Familienfotos an oder nutzen Sie dazu einfach das Erzähl-Würfelspiel im Anhang. Einige Fragen in dem Spiel bergen eine Überraschung. Statt nur nach einer Episode aus dem Leben des Mitspielers zu fragen, werden Sie eingeladen, Ihre Familie gemeinsam neu zu erzählen wie bei diesem Würfelpaar:

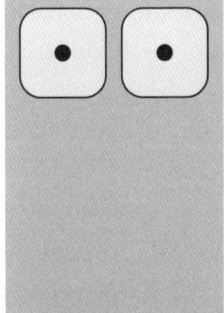

- Stell dir vor, über unsere Familie würde ein Spielfilm gedreht, in dem eine gute Fee über Nacht alle Probleme weggezaubert hätte? Wie würdest du den Film nennen?

- Wie läuft ein Sonntag ohne Probleme in unserer Familie im Film ab? Erzähle den genauen Tagesablauf.

- Wie fühlst du dich an dem Tag?

- Wenn du Ideen brauchst, frage die anderen.

Die erste Aufgabe verlangt, dass Sie die aktuelle Beschreibung, Bewertung und Erklärung Ihrer Familie über Bord werfen und sich eine neue Überschrift für ein Zusammenleben ohne Probleme ausdenken. Frei von den heutigen Zwängen, können Sie für Ihre Lieben eine neue Identität entwerfen, welche die Stärken fortschreibt und die Probleme nicht ins neue Drehbuch übernimmt.

Womit wir bei der zweiten Aufgabe wären: Wie könnte ein Leben bei Ihnen zuhause ohne Probleme praktisch aussehen? Was machen Sie dann den ganzen Tag? Ganz schön schwer, ich weiß.

Die belastete Familie ruft schon: „Bitte nicht helfen! Es ist auch so schon schwer genug!" (Hargens 2013). Ihre genaue Beschreibung Ihrer im Film sichtbaren Aktivitäten und Gespräche lohnt sich. Sie beschenken sich mit einem Füllhorn voller Handlungsalternativen für die Gegenwart.

Vielleicht verbringen Sie Ihr Sonntagsfrühstück zurzeit mit zahlreichen „digitalen Mitbewohnern", an denen ein Mensch hängt. In Ihrem märchenhaften Sorglos-Streifen wird ohne Endgeräte gefrühstückt und jeder interessiert sich wortreich dafür, wie es dem anderen geht. Echte Gespräche von echten Menschen ...

Wie fühlt sich das Szenario für Sie an? Nehmen Sie sich ausreichend Zeit, um Ihre Gefühle in den geplanten Filmszenen in jeder Pore zu spüren. Sie legen damit in Ihrer Seelen-Kommode eine positive Gefühlsschublade für den Zielfilm an. So fällt es Ihnen leichter, das neue Drehbuch im Alltag umzusetzen, weil Sie mit dem neuen Familienfilm angenehme Emotionen verbinden (Schmidt 2021).

Lassen Sie die Würfel neu fallen und erzählen Sie Ihre Familiengeschichte mit chancenreichen Bewertungen und Erklärungen neu. Das Erzähl-Würfelspiel im Anhang macht Ihnen den Anfang leicht. Denn: „Menschen sind unverbesserliche und geschickte GeschichtenerzählerInnen und sie haben die Angewohnheit, zu den Geschichten zu werden, die sie erzählen. Durch Wiederholung verfestigen sich Geschichten zu Wirklichkeiten, und manchmal halten sie die GeschichtenerzählerInnen innerhalb der Grenzen gefangen, die sie selbst erzeugen halfen." (Efran u. a. 1992)

Anhang

Du kannst mir viel erzählen! –
Das Würfelspiel für die ganze Familie

Ziel des Spiels – Wer gewinnt?

In diesem Spiel gewinnen alle: Spannende Geschichten über die Familie, Informationen über die Vorlieben, Wünsche und Träume der Mitspielenden und der Hauptgewinn ist ein neues Verständnis für das Kopfkino der anderen. Gespielt wird nicht gegeneinander, sondern miteinander. Jeder darf die anderen um Hilfe bitten, wenn er eine Frage nicht versteht oder Unterstützung bei der Beantwortung braucht.

Spielanleitung

Nehmen Sie zwei übliche Würfel zur Hand, wie sie zum Beispiel in jedem Mensch-ärgere-dich-nicht-Spiel oder bei Kniffel verwendet werden.

Der jüngste Spieler fängt an und würfelt, wobei er nach dem Wurf die beiden Würfel nebeneinanderlegt. In der folgenden Liste wird nachgesehen, welche Fragen zur entsprechenden Abbildung des Würfelpaars gehören.

Der Spieler beantwortet das gewürfelte Fragen-Paket, wobei ihn die anderen – wenn gewünscht – unterstützen dürfen. Wiederholt sich für einen Spieler eine Frage, nimmt er die umgekehrte Reihenfolge, welche das Würfelpaar ergibt. Ist auch diese Kombination schon gefallen, wird einfach noch einmal gewürfelt. Nach der Beantwortung ist im Uhrzeigersinn der nächste an der Reihe. Und so weiter. Das Spiel kann beliebig lang und beliebig oft gespielt werden.

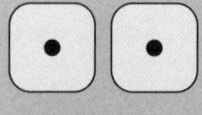

- Stell dir vor, über unsere Familie würde ein Spielfilm gedreht, in dem eine gute Fee über Nacht alle Probleme weggezaubert hätte? Wie würdest du den Film nennen?

- Wie läuft ein Sonntag ohne Probleme in unserer Familie im Film ab? Erzähle den genauen Tagesablauf.

- Wie fühlst du dich an dem Tag?

- Wenn du Ideen brauchst, frage die anderen.

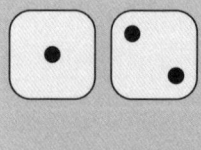

- Wenn man über unsere Familie einen Heldenfilm drehen würde, in dem wir als Familie die Welt vor einer bösen Gefahr retten, wie würde der Heldenfilm heißen?

- Welche Geschichte würde der Heldenfilm erzählen?

- Wer aus der Familie würde welche Rolle spielen?

- Beantworte die Fragen und lasse dann die anderen ihre Vorschläge ergänzen.

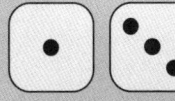

- Welches Problem würdest du in der Familie gerne lösen?

- Wenn das Problem eine Person wäre, wäre es ein Mann oder eine Frau? Welchen Namen hätte die Person?

- Wenn diese Person (das Problem) zwei Wochen allein in den Urlaub fahren würde, was könnte die Familie in der Zeit alles machen, was sie sonst nicht machen kann?

- Was müsste die Familie tun, damit das Problem vorzeitig aus dem Urlaub zurückkommt?

- Welchen Beruf hat oder hatte dein Opa?

- Welche Geschichten hast du schon aus Opas Berufsleben gehört?

- Wenn du fertig bist, dürfen die anderen die Geschichten um Einzelheiten oder Anekdoten ergänzen.

- Wenn du es nicht weißt, frage einfach die anderen.

- Welchen Beruf hat oder hatte deine Oma?

- Welche Geschichten hast du schon aus Omas Berufsleben gehört?

- Wenn du fertig bist, dürfen die anderen die Geschichten um Einzelheiten ergänzen.

- Wenn du es nicht weißt, frage einfach die anderen.

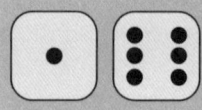

- Welche drei Eigenschaften magst du an deiner Mutter am meisten?

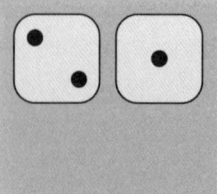

- Erzähle die Geschichte, wie sich deine Eltern kennengelernt haben.

- Wenn du fertig bist, dürfen die anderen die Geschichte um Einzelheiten ergänzen.

- Wenn du es nicht weißt, frage einfach die anderen.

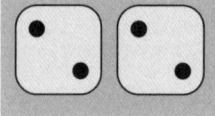

- An welche Geschichte erinnerst du dich gerne, die du mit deiner Mutter erlebt hast? Erzähle sie bitte!

- An welche Geschichte erinnerst du dich gerne, die du mit einem deiner Opas erlebt hast?

- Erzähle bitte, wenn möglich, für jeden Opa eine Geschichte!

 • An welche Geschichte erinnerst du dich gerne, die du mit deinem Vater erlebt hast? Erzähle sie bitte!

 • Erzähle uns bitte deinen Lieblingswitz!

 • Was ist die lustigste Geschichte, die dir jemals passiert ist? Bitte erzähle sie!

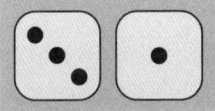 • Auf welche drei Dinge kann unsere Familie besonders stolz sein?

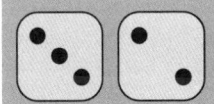 • Was soll sich an unserer Familie nicht verändern?

 • Was würde ich mit der Familie gerne mal wieder Schönes machen, was wir schon lange nicht mehr gemacht haben?

 • Was machen wir besser als andere Familien?

• Wenn du geantwortet hast, dürfen die anderen Einzelheiten ergänzen.

- Was wolltest du schon immer machen, was du aber noch nicht gemacht hast?

- Wenn du eine Million Euro im Lotto gewinnen würdest, was würdest du mit dem Geld machen?
- Wie würde dein weiteres Leben aussehen?

- Was wolltest du schon immer über deine Familie wissen, was du aber noch nie gefragt hast?

- Was war bisher dein schönstes Geburtstagsgeschenk?

- Welche drei Eigenschaften magst du an deinen Geschwistern am meisten?

- Welche drei Eigenschaften magst du an deinen Omas am meisten?

- Welche drei Eigenschaften magst du an deinen Opas am meisten?

 • Welche drei Eigenschaften magst du an deinem Vater am meisten?

 • Welche drei Eigenschaften magst du an deiner Lieblingstante am meisten?

 • Welche drei Eigenschaften magst du an deinem Lieblingsonkel am meisten?

 • Welche Dialekte kannst du nachmachen? Bitte gib uns ein paar Kostproben!

 • Welche drei Eigenschaften magst du an deiner Lieblingscousine am meisten?

 • Glaubst du an Sternzeichen?

• Was weißt du über dein eigenes Sternzeichen?

• Wie passt es zu deinen Eigenschaften? (Tipp: Im Internet findest du viele Hinweise zu den Eigenschaften deines Sternzeichens.)

- Wie sieht dein Traumhaus aus?

- Beschreibe es uns bitte mit vielen Einzelheiten.

- Was tust du leidenschaftlich gerne?

- An welche Geschichte erinnerst du dich gerne, die du mit der Familie im Urlaub erlebt hast? Erzähle sie bitte!

- Wenn du fertig bist, dürfen die anderen die Geschichte um Einzelheiten ergänzen.

- Wie soll dein Leben in fünf Jahren aussehen?

- Wer wäre in unserer Familie der beste Geheimagent?

- Wer bringt in unserer Familie andere am besten zum Lachen?

- Wer war im Kindergarten dein bester Freund oder deine beste Freundin?

Dank

Bücher schreiben ist auch nichts für Feiglinge. Ich danke allen, die mich dabei unterstützt haben.

Besonders danke ich meiner Partnerin Sigrid, weil sie mir mit Rat und Tat zur Seite stand und mit meinen beiden wunderbaren „Beutekindern" Rica und Ceddy während der langen Schreibzeit oft auf meine Unterstützung in der Familie verzichten musste.

Ich danke meinem Freund Kasimir, der mir bis zu seinem viel zu frühen Tod im März 2021 beim Schreiben Mut zusprach, wertvolle Anregungen gab und mir die besten Bände seiner Bibliothek vererbte.

Nicht zuletzt danke ich meinem Verleger Thomas Weber und seinem Team für die konstruktiven Rückmeldungen und das Vertrauen.

Verwendete Literatur

Ärzteblatt (2019): Fachgesellschaften warnen vor unkritischem Umgang mit Nahrungsergänzungsmitteln, https://www.aerzteblatt. de/treffer?mode=s&wo=17&typ=1&nid=105905&s=nahrungser- g%E4nzungsmittel Abgerufen am 18.02.2021

Ärzteblatt (2020): Nahrungsergänzungsmittel immer beliebter, https://www.aerzteblatt.de/nachrichten/sw/Nahrungserg%E4nzungs- mittel?s=&p=1&n=1&nid=115926 Abgerufen am 18.02.2021

Bateson, Gregory (1984): Geist und Natur. Eine notwendige Einheit. Frankfurt a. M.

Baxmann, Matthias/Eckoldt, Matthias (2021): Korrespondenten berichten über – Vornamen, in: Deutschlandfunk Kultur (2021), 16.04.2021, https://www.deutschlandfunkkultur.de/korrespondenten- berichten-ueber-vornamen.1737.de.html?dram:article_id=495725 Abgerufen am 16.04.2021

BIB (2021): Bundesinstitut für Bevölkerungsforschung, https://www.bib.bund.de/DE/Fakten/Sterblichkeit/Sterblichkeit.html Abgerufen am 18.02.2021

Bierhoff, Hans-Werner, Rohmann, Elke (2014): Bindung in Partnerschaften, https://www.familienhandbuch.de/familie-leben/ partnerschaft/gelingend/bindunginpartnerschaften.php Abgerufen am 27.02.2021

Braun, Annegret (2017): Mr. Right und Lady Perfect: Von alten Jungfern, neuen Singles und der großen Liebe, Darmstadt

BRIGITTE (2021): Die große BRIGITTE-Studie „Mein Leben, mein Job und ich": So geht's uns wirklich, https://www.presseportal.de/pm/6788/4853627 Abgerufen am 15.04.2021

Britz, Birgit (2004): Bindungsmuster und ihre Auswirkungen auf die Partnerschaft, https://koeln.efl-beratung.de/fileadmin/koeln/infothek/fachartikel/bindungsmuster-und-ihre-auswirkung-auf-die-partnerschaft-b-britz-2004-2005.pdf

Bundeszentrale für gesundheitliche Aufklärung (2019): Digitale Medien mit Augenmaß nutzen, https://www.bzga.de/presse/pressemitteilungen/2019-12-03-digitale-medien-mit-augenmass-nutzen/ Abgerufen am 29.08.2021

Cammarata, Patricia (2020): Raus aus der Mental Load-Falle: Wie gerechte Arbeitsteilung in der Familie gelingt, Weinheim

Chaos (2021): In: Wikipedia – Die freie Enzyklopädie. Bearbeitungsstand: 23. März 2021, https://de.wikipedia.org/w/index.php?title=Chaos&oldid=210118706 Abgerufen am 10. Oktober 2021

Chapman, Gary D. (2010): Die fünf Sprachen der Liebe. Wie Kommunikation in der Ehe gelingt, Marburg 2010

CosmosDirekt (2019): https://www.cosmosdirekt.de/veroeffentlichungen/familienglueck-138990/ Abgerufen am 18.02.2021

Destatis (2021): Statistisches Bundesamt, https://www.destatis.de/DE/Themen/Gesellschaft-Umwelt/Bevoelkerung/Eheschliessungen-Ehescheidungen-Lebenspartnerschaften/_inhalt.html Abgerufen am 21.02.21

Deutscher Bundestag (2021): Franziska Giffey zieht positive Bilanz ihrer Familienpolitik, https://www.bundestag.de/dokumente/textarchiv/2021/kw04-de-regierungsbefragung-816364 Abgerufen am 07.03.2021

Diesbrock, Tom (2021): Lass mal locker: Vom klugen Umgang mit dem kleinen Perfektionisten in unserem Kopf, Ostfildern

Efran, J., Lukens, M., Lukens, R. (1992). Sprache, Struktur und Wandel. Dortmund: Modernes Lernen

ElitePartner (2018): ElitePartner-Studie 2018: So liebt Deutschland, https://www.mynewsdesk.com/de/elitepartner/documents/elitepartner-studie-2018-so-liebt-deutschland-78338 Abgerufen am 10.10.2021

Ernährungsumschau (2020): Ernährungsindustrie: Nahrungsergänzungsmittel: oft zu viel des Guten, https://www.ernaehrungs-umschau.de/print-news/12-11-2020-nahrungsergaenzungsmittel-oft-zu-viel-des-guten/ Abgerufen am 18.02.2021

von Foerster, Heinz (1996): Eine Theorie von Lernen und Wissen vis-à-vis Unbestimmbaren, Unentscheidbarem und Unwissbarem. Aufgenommen auf dem „Kongress für eine andere Schulwirklichkeit – Die Schule neu erfinden" vom 06.–09. März 1996 in Heidelberg, https://archive.org/details/podcast_carl-auer-autobahnuniversitat_heinz-von-foerster-eine-theo_1000449226627 Abgerufen am 20.02.2021

Forsa (2013): Meinungen und Einstellungen der Väter in Deutschland, https://www.eltern.de/resource/blob/12499954/b9051abe1f5e5e8e-497ab96b23a560ab/download-ergebnisbericht-vaeterumfrage-2013-pdf-data.pdf Abgerufen am 16.04.2021

Fraley, R. Chris/Shaver, Phillip. R. (2000): Adult Romantic Attachment: Theoretical Developments, Emerging Controversies, and Unanswered Questions, in: Review of General Psychology (2000), Vol. 4. No. 2, S. 132–154

Global Gender Gap Report 2020, https://www.weforum.org/reports/gender-gap-2020-report-100-years-pay-equality Abgerufen am 15.04.2021

Gloger-Tippelt, Gabriele (2007): Eltern-Kind- und Geschwisterbeziehung, in: Ecarius, Jutta (Hrsg.) (2007): Handbuch Familie, Wiesbaden, S. 157–178

Gottman, John F. (2014): Die 7 Geheimnisse der guten Ehe, Hamburg

Gramsci, Antonio (1992): Gefängnishefte, Heft 3, Hamburg

Grawe, Klaus (2004): Neuropsychotherapie, Göttingen

Grimm, Jakob/Grimm, Wilhelm (2002): Das deutsche Wörterbuch als online-Version, https://woerterbuchnetz.de/?sigle=DWB#1 Abgerufen am 11.04.2021

Hackl, Anja (2021): Die 10 allerbesten nicht abgegriffenen deutschen Liebeslieder, http://traumeisterin.de/10-deutsche-liebeslieder-trauung/ Abgerufen am 28.03.2021

Hargens, Jürgen (2013): „Bitte nicht helfen! Es ist auch so schon schwer genug!", Heidelberg

Haupt, Friederike (2020): Auf der Suche nach dem großen Glück. Was macht heute eine Familie aus?, in: F.A.Z., 17. September 2020

Hestia (2021): In: Wikipedia – Die freie Enzyklopädie. Bearbeitungsstand: 6. September 2021, https://de.wikipedia.org/w/index.php?title=Hestia&oldid=215371081 Abgerufen am 10.10.2021

Hildenbrand, Bruno (2020): Geschwisterkonstellationen in konventionellen Familien, in: Familiendynamik, 45 (1), S. 4–10

Hurrelmann, Klaus (2003): Einführung in die Kindheitsforschung, Weinheim

Imlau, Nora (2020): Mein Familienkompass. Was brauch ich? Was brauchst du?, Berlin

Irving, John (1998): Das Hotel New Hampshire, Zürich

Jungbauer, Johannes (2017): Entwicklungspsychologie des Kindes- und Jugendalters. Ein Lehrbuch für Studium und Praxis sozialer Berufe, Weinheim

Juul, Jesper (2009): Dein kompetentes Kind: Auf dem Weg zu einer neuen Wertgrundlage für die ganze Familie, Hamburg

Juul, Jesper (2020): Respekt, Vertrauen & Liebe: Was Kinder von uns brauchen, Weinheim

Kokemoor, Klaus (2018): Das Kind, das aus dem Rahmen fällt: Wie Inklusion von Kindern mit besonderen Verhaltensweisen gelingt, Munderfing

Kracke, Nancy/Buck, Daniel/Middendorf, Elke (2018): Beteiligung an Hochschulbildung Chancen(un)gleichheit in Deutschland, in: DZHW Brief 03/2018, Hannover,https://doi.org/10.34878/2018.03.dzhw_brief Abgerufen am 09.04.2021

Landzettel, Ann-Kathrin (2020): Experte: „Depressive sprechen anders", in: t-online, 17.10.2020, https://www.t-online.de/gesundheit/krankheiten-symptome/id_83363012/sprache-verraet-depression-depressive-sprechen-anders-.html Abgerufen am 25.04.2021

Lebowitz, Eli R./Leckman, James F./Silverman, Wendi K./Feldman, Ruth (2016): Cross-generational influences on childhood anxiety disorders: pathways and mechanisms. Journal of Neural Transmission, 123(9), S. 1053–1067

Lewin, Kurt (1980): Werkausgabe (KLW), hrsg. von Karl Friedrich Graumann, Stuttgart

Leyhausen, Malte (2010): Jetzt tu ich erstmal nichts und dann warte ich ab. Wie es sich mit Aufschieberitis gut leben lässt, Freiburg

Lindgren, Astrid (2020): Pippi Langstrumpf. Alle Abenteuer in einem Band, Hamburg

Lohmann, David (2017): Von Zweckehen und Liebeshochzeiten, in: Bayrische Staatszeitung 13.10.2017, https://www.bayerische-staatszeitung.de/staatszeitung/leben-in-bayern/detailansicht-leben-in-bayern/artikel/von-zweckehen-und-liebeshochzeiten.html#topPosition Abgerufen am 20.02.2021

Luhmann, Niklas (2002): Das Erziehungssystem der Gesellschaft, Frankfurt a. M.

Meyer, Rüdiger (2020): Nahrungsergänzungsmittel bei Erkältung: Zinkacetat ohne Einfluss auf die Symptomdauer, aber mit unerwünschten Effekten, in: Deutsches Ärzteblatt 7/2020, https://www.aerzteblatt.de/archiv/212530/Nahrungsergaenzungsmittel-bei-Erkaeltung-Zinkacetat-ohne-Einfluss-auf-die-Symptomdauer-aber-mit-unerwuenschten-Effekten Abgerufen am 06.03.2021

Moeller, Michael L. (1996): Die Wahrheit beginnt zu zweit. Das Paar im Gespräch, Hamburg

Nietzsche, Friedrich (1999): Sämtliche Werke: Kritische Studienausgabe, München

Nuber, Ursula (2020): Der Bindungseffekt: Wie frühe Erfahrungen unser Beziehungsglück beeinflussen und wie wir damit umgehen können, München

Ochs, Matthias/Orban, Rainer (2017): Familie geht auch anders. Wie Alleinerziehende, Scheidungskinder und Patchworkfamilien glücklich werden.

ÖKO-TEST (2019): Ausgabe 100/2019

Oliver, Jamie (2015): Jamies Superfood für jeden Tag: GENIAL kochen, GESUND genießen, GLÜCKLICH sein, München

Ovid (2015): Metamorphosen, Stuttgart

Pairfam (2021): Deutsches Beziehungs- und Familienpanel, https://www.pairfam.de Abgerufen am 21.02.2021

Perry, Nicole B./Dollar, Jessica M./Calkins, Susan D. /Keane, Susan P./ Shanahan, Lilly (2018): Childhood self-regulation as a mechanism through which early overcontrolling parenting is associated with adjustment in preadolescence, in: Developmental Psychology, 54 (8), S. 1542–1554, Amsterdam

Perske, Jörn (2013): Don Armani Karl-Heinz, das Essen ist fertig!, https://www.welt.de/vermischtes/kurioses/article114382008/Don-Armani-Karl-Heinz-das-Essen-ist-fertig.html Abgerufen 10.10.2021

Platon (2002): Symposion, Düsseldorf und Zürich

Prior, Manfred (2020): MiniMax-Interventionen: 15 minimale Interventionen mit maximaler Wirkung, Heidelberg

Retzer, Arnold (1994): Familie und Psychose. Stuttgart, Jena, New York

Retzer, Arnold (2009): Lob der Vernunftehe. Eine Streitschrift für mehr Realismus in der Liebe, Frankfurt a. M.

Retzer, Arnold (2012): Miese Stimmung. Eine Streitschrift gegen positives Denken, Frankfurt a. M.

Rotthaus, Wilhelm (2010): Wozu erziehen? Entwurf einer systemischen Erziehung, Heidelberg

Rousseau, Jean Jaques (2003): Julie oder die neuen Heloise, Braunschweig

Rubin, Franziska (2019): Heilen mit Lebensmitteln: Meine Top 10 gegen 100 Krankheiten: Hafer, Kartoffeln, Kohl & Co. als sanfte Hausmittel, München

Runge, Phillip Otto (1984): Von den Fischer un syne Frau/Von dem Mahandel Bohm, Rostock

Schaaf, Julia (2020): Wie man der Mental-Load-Falle entgehen kann, in: F.A.Z.net (2020), 03.07.2020, https://www.faz.net/aktuell/stil/leib-seele/wie-man-der-mental-load-falle-entgehen-kann-16835871.html?premium Abgerufen am 31.08.2021

Schmidt, Gunther (2021): Liebesaffären zwischen Problem und Lösung: Hypnosystemisches Arbeiten in schwierigen Kontexten (Hypnose und Hypnotherapie), 2021

Schmidt, Nicola (2020): Der Elternkompass. Was ist wirklich gut für mein Kind? Alles wissenschaftlichen Studien ausgewertet, München

Schönhaar, Rainer (1990): Erzählung, in: Schweikle, Günther/ Schweikle Irmgard (Hrsg.) (1990): Metzler Literatur Lexikon. Begriffe und Definitionen , S. 138, Stuttgart

Seligman, Martin E. P. (2005): Der Glücks-Faktor: Warum Optimisten länger leben, Köln

Shaver, Phillip R./Hazan, Cindy (1993): Adult romantic attachment: Theory and evidence, in: D. Perlman & W. Jones (Eds.) (1993), Advances in personal relationships, S. 29–70, London

Simon, Fritz B., Clement, Ulrich, Stierlin, Helm (2004): Die Sprache der Familientherapie. Ein Vokabular. Kritischer Überblick und Integration systemtherapeutischer Begriffe, Konzepte und Methoden, Stuttgart

Stanek, Julia (2021): Was Sie Ihrem Kind mit auf den Weg geben können, in: Spiegel online 12.02.2021

Stangl, Werner (2021): Stichwort: ,soziales System – Online Lexikon für Psychologie und Pädagogik'. Online Lexikon für Psychologie und Pädagogik, https://lexikon.stangl.eu/19184/soziales-system Abgerufen am 9.05.2021

Stierlin, Helm (1982): Delegation und Familie, Frankfurt

Toffifee (2019): Toffifee – So fühlt sich Familie an, TV Spot 2019, https://youtu.be/6-sZmp0whRQ Abgerufen am 17.04.2021

Tops, Mattie, Van Peer, Jacobien M./Korf, Jakob/Wijers, Albertus A./ Tucker, Don M. (2007): Anxiety, cortisol, and attachment predict plasma oxytocin. Psychophysiology, 44(3), S. 444–449

Vorname.com (2021): Die beliebtesten Vornamen 2021, https://www.vorname.com/beliebte_vornamen,0.html Abgerufen 10.10.2021

Watzlawick, Paul (2009): Anleitung zum Unglücklich sein, München

Weber-Kellermann, Ingeborg (1974): Die deutsche Familie. Versuch einer Sozialgeschichte, Frankfurt a. M.

Wunschfee.com (2021): http://www.wunschfee.com/inhalt/ finanzen-recht/artikel/kinder-eine-investition-furs-leben Abgerufen am 10.10.2021

Young, Jeffrey E./Klosko, Janet S./Weishaar, Majorie E. (2005): „Schematherapie. Ein praxisorientiertes Handbuch", Paderborn 2005

Weiterführende Literatur

Beck, Judith S. (2013): Praxis der Kognitiven Verhaltenstherapie, Weinheim

Brock, Inés (2010): Geschwister und ihr Einfluss auf die Entwicklung von sozialer und emotionaler Kompetenz, in: Familiendynamik 35 (4), S. 310–317

Buchmann, Knud-Eike/Frey-Luxemburger, Monika (2014): Der Ton macht die Musik. Der Taschen-Coach für gelungene Kommunikation, Stuttgart

Denborough, David (2017): Geschichten des Lebens neu gestalten, Grundlagen und Praxis der narrativen Therapie, Göttingen

Ernst, Mareike u. a. (2020): Erinnertes elterliches Familienverhalten und die Langzeiterziehung von Kindern und Jugendlichen mit Krebserkrankungen, in: Familiendynamik 45 (3), S. 202–212

Fritz-Schubert, Ernst/Saalfrank, Wolf-Thorsten/Leyhausen, Malte (Hrsg.) (2015): Praxisbuch Schulfach Glück. Grundlagen und Methoden, Weinheim

Funcke, Dorett/Hunger-Schoppe, Christina/von Schlippe, Arist (2020): Editorial, in: Familiendynamik 45 (1), S. 1

Haim, Omer/von Schlippe, Arist (2016): Autorität ohne Gewalt: Coaching für Eltern von Kindern mit Verhaltensproblemen. „Elterliche Präsenz"« als systemisches Konzept, Göttingen

Hoffman, Lynn (1987): Grundlagen der Familientherapie – Konzepte für die Entwicklung von Systemen, Hamburg

Hofmann, Ulrich/Huss, Andrea (2021): 145 Fragen zur Liebe – Die wichtigsten Erkenntnisse für eine glückliche Beziehung: Von Flirten bis Fremdgehen – das Fazit aller Studien, München Krause, Stefan/Appel, Markus (2019): Stories and the Self, in: Journal of Media Psychology, 8.03.2019, S. 1–12

Ljubic, Nicol (2014): Väter 2014. Zwischen Wunsch und Wirklichkeit, in: Eltern, https://www.eltern.de/familie-und-urlaub/familienleben/vaeter-2014.html Abgerufen am 16.04.2021

Luhmann, Niklas (1982): Liebe als Passion, Frankfurt a. M.

Retzer, Arnold (2004): Systemische Paartherapie, Stuttgart

Retzer, Arnold (2007): Passagen. Systemische Erkundungen, Stuttgart

Satir, Virginia (2019): Mein Weg zu dir: Kontakt finden und Vertrauen, München

von Schlippe, Arist/Molter, Haja/Böhmer, Norbert (1995): Zugänge zu familiären Wirklichkeiten, Systhema – Sonderheft 1/95, Weinheim

von Schlippe, Arist (2007): The Power of Stories – Zur Funktion von Geschichten in Familienunternehmen in: KONTEXT (2007) 38, 1, S. 26–47

von Schlippe, Arist/Schweitzer, Jochen (2019): Systemische Interventionen, Göttingen

Simon, Fritz B. (2018): Formen. Zur Kopplung von Organismus, Psyche und sozialen Systemen, Heidelberg

Simon, Fritz B. (2000): Grenzfunktion der Familie, in: System Familie (2000) 13, S. 140–148

Stiftung Gesundheitswissen (2021): Wochenbettdepression Behandlung, https://www.stiftung-gesundheitswissen.de/wissen/wochenbettdepression/behandlung Abgerufen am 01.04.2021

Stoltze, Kathrin (2021): Verlust durch Tod eines engen Familienmitglieds. Herausforderungen in Therapie und Beratung sowie systemorientierte Interventionsmöglichkeiten. Familiendynamik, 46 (2), S. 126–132

Tippe, Sebastian (2021): Toxische Männlichkeit. Erkennen, reflektieren, verändern, Köln

Tompsett, Carolyn J./Toro, Paul A. (2010): Predicting overt and covert antisocial behaviors: parents, peers, and homelessness. Journal of Community Psychology, 38(4), 469–485

Wendel, Susanne/Heidrich, Frank-Thomas (2014): Wie wär's mit uns Beiden?, Stuttgart

White, Michael (1989): Der Vorgang der Befragung: eine literarisch wertvolle Therapie?, in: Familiendynamik 14(2), S. 114–128

Wolz, Lea (2021): Mein Kind im ersten Jahr. Wie sich Ihr Kind entwickelt, in: Spiegel online, 28.01.2021, https://www.spiegel.de/gesundheit/schwangerschaft/mein-kind-im-ersten-jahr-wie-sich-ihr-kind-entwickelt-a-8f091b54-1ef7-46bb-b0ef-83715c1ed1e1 Abgerufen am 31.03.2021

Toxische Männlichkeit – erkennen, reflektieren, verändern

von Sebastian Tippe. 316 Seiten, Paperback | ebook

Toxische Männlichkeit beginnt bei alltäglichem Verhalten: dem permanenten Unterbrechen von Frauen, dem Ausgeben der Ideen von Frauen als die eigenen, der Fokussierung auf eigene sexuelle Bedürfnisse. Sie hat auch einen negativen Einfluss auf die Gesundheit und Lebenserwartung von Männern, indem sie das Risikoverhalten, den Missbrauch von Suchtmitteln und die Suizidrate erhöht. Dazu kommt Gewalt gegen Frauen in Form von Stalking, Übergriffigkeiten, Vergewaltigungen, Pornografie, Prostitution und Femizide.

Toxische Männlichkeit ist ein gesamtgesellschaftliches Problem: aufgrund ihrer Sozialisation entwickeln Männer Denk- und Verhaltensmuster, mit denen sie Frauen, weiteren marginalisierten Menschen sowie sich selbst enorm schaden. Während patriarchale Strukturen Männern Macht und Privilegien verschaffen, verwehren sie Frauen diese gleichzeitig.

Dieses Buch bietet einen umfassenden Überblick über die gesellschaftlichen Bereiche, in denen toxische Männlichkeit deutlich wird. Der Autor Sebastian Tippe stellt Reflexions- und Lösungsmöglichkeiten für Männer vor, die sie dabei unterstützen können, eigene problematische Anteile zu bearbeiten. Er formuliert seine Forderungen an Politik und Bildung und präsentiert pädagogisches Handwerkszeug der feministischen Jungenarbeit für Eltern und Fachleute sowie Erfahrungsberichte für praktische Einblicke.

edigo – lesbar. streitbar. unmittelbar | www.edigo-verlag.de